民国房事

李开周◎著

南方日报出版社
NANFANG DAILY PRESS
中国·广州

图书在版编目（CIP）数据

民国房事 / 李开周著. — 广州 ： 南方日报出版社，2013.1
ISBN 978-7-5491-0740-7

Ⅰ. ①民… Ⅱ. ①李… Ⅲ. ①房地产业－经济史－史料－中国－民国 Ⅳ. ①F299.29

中国版本图书馆 CIP 数据核字(2012)第 300795 号

MINGUO FANGSHI

民国房事 李开周 著

出版发行：南方日报出版社

地　　址：广州市广州大道中 289 号

电　　话：（020）83000502

经　　销：全国新华书店

印　　刷：广州市怡升印刷有限公司

开　　本：889mm×1194mm　1/16

印　　张：15.25

字　　数：250 千字

版　　次：2013 年 1 月第 1 版

印　　次：2013 年 1 月第 1 次印刷

定　　价：30.00 元

投稿热线：（020）83000503　读者热线：（020）83000502

网址：http://www.nfdailypress.com/

目录

Contents

第二章　在民国租房

第三章　在民国做钉子户

第四章　在民国做开发商

第五章　居住环境和居住理念

第六章　民国的房荒

第七章　民国的住房政策

序言　历史一直在重演

大伙常说：历史不会重演。其实历史一直在重演。

举个例子。

解放前夕，法币贬值，物价飞涨，再加上长期战争损毁房屋，市面上的住房供应严重短缺，各大城市的房价翻着跟头往上跳，工薪阶层不但买不起房，连租房都成了问题，急需政府出面调控。

政府调控了没有呢？调控了。国民党政府一方面出台“限租令”，限制房东任意高抬房租；一方面打击空置房，用加倍征收房产税的方式逼着家有余屋的业主抛售或招租；另一方面建设“平民住所”，也就是我们现在说的廉租房，让低收入家庭申请入住；还有的城市从西方国家引进了“住房合作社”，帮助市民团购住房和团建住房。多种调控手段组合出击，力度之大令人振奋。

我们不能说这些调控手段完全没有效果，但是它们并没有挡住房价进一步上涨的势头，在上海，在北平，在天津，在广州，在杭州，在宁波，房荒和住房难的情形依然存在。

更加让人失望的是，某些本来应该是帮助老百姓解决住房问题的政府救济，最后却沦落为权贵们分赃的盛宴。像杭州，市政府牵头设立了“第一住宅合作社”，无偿划拨国有土地50亩，同时又通过“浙江省政府善后救济处”划拨了一大笔钱，交给贫困户自主建房。这是善政，对吧？结果呢，该合作社的100名“社员”竟然全是官僚！“省政府秘书长雷某”、“省交通处处长杨某”、“省合作管理处处长唐某”、“市政府秘书长徐某”……都参加了这个合作社，这些蛀虫拿着救济款，在公共的土地上轻松建成100幢别墅，然后每人分了一幢。

对社会现状有所了解的朋友读了上述案例，大概会产生一种时空错乱的幻觉，以为我说的不是民国，而是今天。因为大家知道，今天也是房价飞涨，也是政府调控，也是要求地方政府建设廉租房，也是有一大批蛀虫在不停地、毫不脸红地吞噬着本该让弱势群体分享的救济指标和保障指标，例如限价房，例如经适房。

您说，这难道不是历史的重演吗？

拿解放前的房地产市场和现在比，当然有不同的地方：解放前开发商喜欢出租，现代开发商喜欢出售；解放前不流行买婚房，现代人流行买婚房；解放前房价飞涨在很大程度上是战争造成的，现在房价飞涨则跟战争完全没有关系。也有相同的地方：两个时代的住房保障都难以避免腐败，两个时代都活跃着一批炒房炒地的投机客，两个时代的房价跟同期的发达国家相比都不算高，但是由于国民收入太低的缘故，大多数人买房都很困难。我们不能说那些相同的地方都是历史在重演，但是我们确确实实在住房问题上看到了历史重演的迹象。

从民国到今天，大半个世纪过去了，为什么已经过去的事情还会反复出现？因为人性有相似处，体制有相似处。只要我们贪婪、自私、愚昧、短视的人性不变，在住房上的投机冲动就不会消失，房价就会在超过多数人购买力且有大量空置房的情况下继续上涨，涨到某个顶点，崩盘就不可避免（民国天津和民国上海已经上演过两场大崩盘了），市场冷冻一段时间之后，还会继续上涨，继续投机，继续崩盘……如此反复，就像中国帝制时代"一治一乱"的周期循环。另外，只要我们的体制里还残留着滋生腐败的土壤，住房调控就无法真正落实，住房保障这块大蛋糕就总是会被权贵分掉。

我常跟朋友说：咱们都是古人诈尸，都是今之古人，咱们活在今天就是活在过去，体验旧朝就是体验今天，采访死人就是采访活人，跟生者同在就是跟逝者共生，读新闻就是读历史，读历史就是读新闻。古代和民国，民国和现在，某些历史一直在重演，某些时光一直在倒流，正是因为恒久不变的人类劣根性和体制的某些相似处在作怪。

本书共有七章：《在民国买房》、《在民国租房》、《在民国做钉子户》、《在民国做开发商》、《居住环境和居住理念》、《民国的房荒》、《民国的住房政策》。您在每一章当中都会看到一段重演的历史，其中有买房难给城市居民带来的痛苦，也有社会救济给弱势群体带来的温暖。无论痛苦还是温暖，都将在未来的时光里继续重演下去，但我乐观地相信社会在进步，未来历史上重演的痛苦会少一些，温暖会多一些。

这本书不是学术书，甚至也不是系统的叙述，它原是2011年以来我在《南方都市报》开设的专栏"民国房事"的一个小结。专栏的篇幅很短，刚开头就煞了尾，很多问题不能深入去谈。另外由于成书的需要，我硬生生地把那些专栏分成七个章节，其实不同章节之间并不存在很强的逻辑关联。所以，您阅读本书的时候，会感到某些篇章言犹未尽，而另一些篇章则在内容上出现一些或多或少的重叠。这是我的错，在这里向您道歉。

第一章　在民国买房

民国官员财大气粗，他们出手买地，一个城市的地价会因之抬高；咱们的官员更是财大气粗，他们要是出手买房，会不会也把房价抬得更高呢？目前看，似乎不必担心，因为咱们的官员有福利房可分，有经适房可占，暂时还用不着去买房子。

回到北平去买房

所有人都知道，北平就是北京，现在叫北京，民国时叫北平，回到北平去买房，意思就是回到民国时代的北京去买房。

民国时北京房价不高。不但跟现在比不高，跟当时的其他大城市如上海、天津、南京、广州比起来也不高。这是因为北京没有赶上好机遇：清朝末年划通商口岸，上海赶上了，它没赶上；后来又划租界，天津赶上了，它没赶上；再后来迁都，南京赶上了，它没赶上；再后来军阀割据，个别军阀治理有方，把掌控下的地盘收拾得花团锦簇，经济迅速发展，交通迅速改善，这种好事儿让广州赶上了，它没赶上。因为这些缘故，北京市人口密度不大，住房需求不高，不动产价格没怎么涨。

民国三十年（1941年）国民政府主计处统计局编撰《中国土地问题之统计分析》一书，按平均地价给当时各大都市做了个排名，上海第一，广州第二，天津第三，南京第四，北京勉强排到第五。大伙可以想见，北京地价这么低，房价也高不到哪儿去。

先说地价。

民国二十二年（1933年）北京市政府评价委员会对全市和郊区地价进行评估，把西交民巷、王府井大街、正阳门大街和大栅栏这四处最繁华地带划成特等土地，每亩地价2000块大洋。当时一块大洋在北京城区的购买力大约相当于人民币50元左右，一亩地才10万块钱而已。

实际成交价格有比这个价位高的，民国二十二年（1933年）的最高纪录是每亩4000块大洋，折成人民币约合20万元，这已经是当时北京的地王了。如果跟2011年3月15日海淀区东升乡拍出的那块每亩3400万元的现代地王相比，差了169倍。

◎鲁迅像（《力群版画选集》第7页，中国现代美术出版社2006年版）

郊区地价更是低得喜人，现在通州核心区的地块，民国二十年（1931年）前后亩均地价仅70块大洋，折成人民币才几千块钱一亩。

再看房价。

民国时北京住宅比较单一，全市楼房仅占6%，简易铅皮房和草房不到3%，其余全是四合院，即使大户人家的所谓豪宅，也不过是几处四合院连成一体。北京市政府评价委员会曾对全市四合院进行估价，按占地多少、建筑质量、使用年限、所在区位等因素把四合院分成12个等级，最高等级的平均每间800块大洋（含地价），折合人民币4万元；最低等级的平均每间90块大洋，折合人民币4500元。

现在月薪万元的小白领在北京四环以内买房，必须求爷爷告奶奶四处转借才能付清首付，然后还得每月让银行按在地上揭一层皮（所谓按揭），如此这般折磨小半辈子才能换来一套相当普通的商品房，要是回到民国时代的北京，一年薪水就能买下一处拥有3间瓦房的精致小院，10年下来简直能买一座前清王爷留下来的王府了。

当然，单纯的购买力折算不能说明问题，为了搞清楚民国时北京房价究竟是高是低，咱们还得看看当时的市民收入。

提到收入，有朋友可能会拿鲁迅在教育部工作时月薪300块大洋说事儿，其实这个不足为凭，因为鲁迅是高薪阶层（事实上鲁迅两次在京买房都靠借贷，他收入虽高，开销很大，买房时几乎没有积蓄），不能代表一般的购房者。

我手头有民国十八年（1929年）社会调查所对北京普通市民收入情况做的记账式调查，市民家庭平均月收入为15块大洋，年均收入自然是180块大洋，像鲁迅第二次置业时买的那种四合院，让普通市民去买的话，也不过只需要四五年收入。

不过民国时北京房子虽便宜，买房过程中要缴的税费却比今天高。今天买房，主要就是缴契税，而且契税也不能算太高，从房价的1%到6%，个别城市在楼市不景气时甚至免征契税，别的什么印花税啦、城市维护建设税啦、教育费附加啦，只占房价的千分之几，低到可以忽略不计。民国时买房不这样，首先是契税很高，一般不低于房价的4%，民国初年曾经征到9%。其次还得缴凭单费，按房价的2%计算。假如您在民国初年买房，房价100万元，光契税和凭单费就得花去11万元。

另外在民国买房还有一个物业税问题，只是当时不叫物业税，叫作“警捐”、“巡捕捐”，后来统一叫作“房捐”。1935年2月鲁迅给《文学月刊》写专栏，提到“巡捕捐按房租百分之十四”，说的就是当时上海的物业税。当时上海对全市的出租房产和自住房产统统征收物业税，每月收缴一次，税率是每月房租的14%（后来还曾经涨到20%）。北京物业税稍低一些，不是按房租的百分比去收，而是按房屋的等级去收：楼房的物业税高，每间每月两角钱（银元，下同）左右；瓦房的物业税低，每间每月1角钱左右；水泥顶的洋灰房（简称灰房）以及草房、坯房的物业税更低，每间每月5分钱左右。像鲁迅哥俩在西直门内八道湾买的那座将近30间瓦房的四合院，每月得缴物业税30角，也就是3块大洋。

每月3块大洋，负担也不算重，鲁迅哥俩要是活到今天，随便在北京哪个小区里买套商品房，光物业管理费都不止这点儿钱。

逃回上海滩

鲁迅买过两次房。

第一回买房是在1919年，跟兄弟周作人合资，买下北京新街口一座很大的四合院，前后三进，光正房就有20多间。这处宅子花了鲁迅哥俩将近4000块大洋，其中房款3500块大洋、契税180块大洋、自来水安装费115块大洋，还给了房产经纪人175块大洋的佣金。

第二回买房是在1924年，这回鲁迅单独出资，在北京阜成门内西三条胡同买下一座小型四合院，占地400平方米，大小房屋共10间。房价很便宜，只要800块大洋，后来鲁迅又花了200块大洋进行装修。

两次买房都是在北京，不过鲁迅后来却没有在北京定居，从1927年直到去世，他定居的地方一直是上海。上海房价太高，鲁迅买不起，只能租房。后来鲁迅写《病后杂谈》，说在上海租一处小院子，每月房租加上“巡捕捐”，得花160块大洋，租一年下来，光房租就够在北京买下两处小型四合院了。

◉难民来沪，车站拥挤（《江浙直丰血战画宝大全》贞集第12页，上海战事写真馆1924年版）

◉丁玲与胡也频

北京居住成本低，上海居住成本高，为什么鲁迅还要选择在上海定居呢？因为上海比北京开放，言论自由比北京多，而且还有租界，还有大批志同道合的文化人，在北京不能说的话在上海可以说，在北京不能写的文章在上海可以写，在北京见不着的朋友在上海见得着。有这些坚挺的理由支撑着，哪怕上海的居住成本再高，鲁迅还是会住在上海，而不是住在房价低廉的北京。

鲁迅有个老乡叫刘大白，著名诗人，在复旦大学教书，跟朋友拼租，每月房租12块大洋，嫌贵，搬到杭州，在杭州没住到一年，又萌生了逃回上海的想法。起因很简单：他长了痔疮，在杭州久治无效，需要做手术，杭州城内居然没有一家医院能做，只好去上海就医，手术后回杭州医院疗养，医疗条件太差，痔疮复发，不得已，还得去上海。

还有丁玲和她的男朋友胡也频，当年在北京西山租小院，房租很便宜，后来去上海租亭子间，房租很贵，但是这对小情侣毅然决然奔向上海。因为他们在北京撰稿，月收入只有六七块大洋，到了上海之后，月收入暴涨到140块大洋，傻子才愿意待在北京。

1929年，丁玲、胡也频离开上海，去济南生活，到1930年夏天，又逃回了上海——济南媒体太少，出版社太少，做撰稿人不易，胡也频还被山东警察通缉，想来想去，还是混在上海更安全，机会更多。

我估摸着，前几年因为买不起房而逃出京广沪，这两年又因为找不到发展机会而逃回京广沪的朋友，是应该能够理解丁玲老师和胡也频老师的。

地主好做，房东难当

北京大兴一朋友让我释读她家的老地契，有一份是民国十年（1921年）的，上面写道：

> 立卖自置红契地字人鄂蔡氏，有祖遗红契地四亩二分，坐落大兴县大康营村庄，经前有刘百顺现租种，今因本宅意欲出售，定价每亩银洋一元六角。现租种地人亲托中人说合，情愿按照本宅卖价，留买价银洋系七元整。当日笔下交足，价款不欠，此地归新业主刘百顺名下永远为业，打井、盖房均由新业主，倘有亲族人等争论，全有旧业主担负，与新业主无干。空口无凭，立此卖字为证。

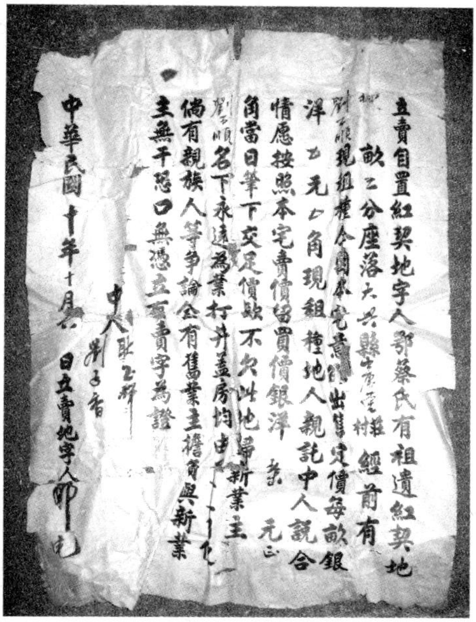
立賣自置紅契地字人鄂蔡氏有祖遺紅契地
畝二分座落大興縣 經前有
現租種今因本宅意欲出售定價每畝銀
洋一元六角現租種地人親託中人說合
情愿按照本宅賣價留買價銀洋系
角當日筆下交足價款不欠此地歸新業主
名下永遠為業打井蓋房均由新業主
倘有親族人等爭論全有舊業主擔負與新業
主無干恐口無憑立此賣字為證
中華民國十年十月 日立賣地字人

◎民国十年（1921年）大兴县鄂蔡氏卖地白契

这张地契说的是北京大兴农村一位姓蔡的女士把4亩2分地卖给了她家的老佃户，卖价是7块大洋，等于一亩地只卖1元6角。

大洋1块6角是多少钱，大伙可能没有概念，容我列一下物价：在民国十年（1921年）的北京市面上，一袋50公斤的面粉卖到7块大洋，一袋50公斤的大米卖到8块大洋，那年猪肉价格疯涨，每公斤零售价是大洋4角，煤倒挺便宜，9块大洋能买一吨。也就是说，1块6角相当于11公斤面粉、10公斤大米、4公斤猪肉或者180公斤煤。现在您要拿10公斤大米或4公斤猪肉去买一亩地，绝对是天方夜谭，除非您去沙漠。

同样是在民国十年（1921年），北洋政府给各级小学教员定的月薪是8块大洋到60块大洋，身为教育部官员及知名作家的鲁迅收入更高，每月能挣300块大洋（不包括他写作和讲课的收入）。咱们很容易就能算出，一个普通的小学教师可以轻松买下几十亩地，至于鲁迅，攒一年工资就能买下两三千亩地，所以跟当时的收入比起来，土地显得更廉价。

可不是所有的地块都这么便宜，我还见过民国九年（1920年）的一份老地契，北京东直门外1亩5分地皮，成交价36块大洋，比大兴农村那块地贵了十几倍。北京市中心的地皮更贵，像东交民巷和王府井，临街地块能卖到5000块大洋一亩，又比东直门外那块地贵了200多倍。

上文提到鲁迅在北京买房的事情，鲁迅收入虽高，可是他两次买房都借了债，第一次买房时为了筹够房钱，还不得不卖掉了绍兴老家的祖宅。他要是选择到大兴农村当地主，肯定就容易多了。

民国广州的房价

北京、上海、广州，这几个地方在民国就是一线城市。论房价，上海最贵，从1912年到1949年，除了抗战时饱受日本鬼子飞机轰炸的那段日子，上海房价一直雄踞全国榜首，尤其租界区，平均每平方公里住5万人，比现在上海中心城区的人口密度高5倍不止，甭说买房，就是租一个七八平方米的亭子间，光“顶费”（前任房客或者二房东向后来的房客索取的转手费）就得两三根金条。北京的房子却最便宜，无论是北洋政府统治时期，还是北伐胜利后国民政府统治时期，最多花上几千块大洋，就能在王府井附近买一处占地半亩的小型四合院。

广州的房价介于上海和北京之间，比上海便宜，比北京贵。纵向看，桂系军阀跟粤系军阀掐架的时候，房价很低；后来陈济棠主政广东，一时政局稳定，经济繁荣，房价开始走高，地价最高的时候甚至超过今日广州，房价最高的时候则几乎赶超当时上海。

南洋华侨和上海富商在广州成立了上千家房地产公司，纷纷涉足规模不大的新式洋房项目。所谓新式洋房，跟现在的单元式住宅类似，一幢楼分成若干户，每户有室有厅有厨房，有“能冲水的洋马子”，也就是咱们现在说的抽水马桶，建成后，或出租或出售，一律按“井”计价。“井”是民国广州常见的面积单位，60井为一亩，一井相当于11平方米。

1932年，南洋兄弟营造厂在广州市区最繁华的惠爱路开发的新式洋房，临街商铺卖到5000块毫洋一井，普通套房卖到2300块毫洋一井，按平方米计价的话，分别是455块毫洋和209块毫洋。

那时候，广州市公安局和财政局的第一科科长月薪在50块毫洋和70块毫洋之间，二等科员的月薪是25块毫洋。公办学校的教师薪水比公务员高得多，刚上岗的九等教员也能领到30块毫洋的月薪，最高级教员每月则能领到125块毫洋。一个刚上班的小学教师要想在市中心买房的话，需要不吃不喝积攒大半年的工资，才能买上一个平方米。从这个角度看，那时候的房价跟现在一样高。

房价高，房租也不会便宜。在市区租一套两室一厅，每月最低也要20块毫洋，基层公务员如果不贪污，小学教师要是不给人补课，租房是租不起的。所以在1932年12月2日，有记者在国民党机关报《中央日报》第6版上评论说："长安不易居云云，大可为今日广州赠也"，这句评论实在贴切。

你没遇到民国地王

2010年11月份，广州南站有一块392亩的地皮，卖了86亿元，每亩将近2200万元，被南方媒体惊呼为“单价地王”。然而这个地王也只能在广州称王，要是放到上海，它就什么都不是了。您知道，上海闸北区苏州河北岸有一块地，只有53亩，却卖了70.2亿元，每亩竟然超过1.3亿元。这个纪录，在很长时间内一直没有被打破，所以这块地不仅是上海的单价地王，也是全国的单价地王。土地没有灵性，要不然，这块地肯定也会睥睨群雄，傲然四顾，为自己的身价而自豪，并油然生出一种并世无敌的凄凉感，就像当年大侠独孤求败那样。

独孤求败感到凄凉，是因为他生错了时代，没有遇到手枪；上海那块土地感到凄凉，也是因为它生错了时代，没有遇到民国的地王。

民国的地王有多贵呢？1932年12月2日《中央日报》第6版有一则报道显示，广州市惠爱路某洋房地块，每井起价达到了7万毫洋，雄踞全国地价排行榜之首位。

上文说过，60井为一亩，每井7万元，每亩即是420万元。这个数据并不吓人，是吧？可我得告诉您，它不是法币——法币要到1935年才开始流通，更不是人民币，而是毫洋。毫洋是民国前期广东省内的硬通货，比银元的购买力稍低，不过它的购买力远远超过了人民币。

翻翻1932年腊月《华字日报》上面的“广州商情表”就知道，花10元毫洋能买一石大米，那时候一石米的标准重量是80公斤。如果花上毫洋0.2元，就能在当时最高级的茶楼里喝一杯咖啡，而且还配有精致点心。想在最便宜的茶餐厅吃一顿饭，可以去“一毛室”，0.1元毫洋叫一顿饭，一样哄饱肚皮。所以从购买力上看，毫洋1元至少相当于现在人民币50元，420万毫洋就是2.1亿元。每亩地卖到2.1亿元，几乎比现在的全国单价地王贵上一倍，比广州的单价地王贵上近10倍！这就是民国的地王。

当然我们都知道，地王通常都是炒出来的，它不能代表地价的一般水平，民国地价高到如此地步的，也就这一块地而已。同样是1932年，同样在民国广州CBD惠爱路上，临街商用地块的平均价格是每井毫洋5000元，即每亩毫洋30万元，折合人民币1500万元，稍微赶超一下，可以跟2010年广州南站那块地王并驾齐驱。

房价是最好的避孕药

不知道您注意过没有，夏衍先生的经典话剧《上海屋檐下》，其实是一部宣传计划生育的文艺作品。

您看，剧中总共5户人家，在旧上海同一幢小型石库门住宅区租房居住，其中包括住灶披间的小学教师赵振宇夫妇，住亭子间的失业职员黄家楣夫妇，住前楼的暗娼施小宝，住阁楼的报贩李陵碑，以及虽然挂着二房东名号实际上也是房客的纱厂白领林志成一家。

咱们来分析一下这5户房客的家庭结构：

前楼的房客施小宝，已婚，没生孩子。

阁楼的房客李陵碑，已婚，曾经生过一个儿子，死了，没再要。

亭子间的房客黄家楣，只生了一个儿子，没有女儿（新中国成立后改编的同名电视剧好像硬给黄家楣塞了一个女儿）。

整幢石库门里，也只有租住灶披间的房客赵振宇夫妇生了二胎——他们头胎是个儿子，隔了8年之后，才敢生育一个女儿。

按照我们现在的计划生育政策，一对夫妇一般只能要一个孩子，否则就属于超生，就要罚你的钱，停你的工作。尽管政策是如此严厉，超生的家庭还是不少，大城市里还好一些，在经济发展和思想观念都比较落后的乡村地面，计划生育搞了30年，迄今为止还是有很多农户或明或暗地生下二胎三胎，不生儿子决不罢休，生了儿子还想再生闺女。可是您看《上海屋檐下》里这5户房客觉悟多高，两户人家没有孩子，两户人家只要一个孩子，只有一户生了二胎，违反计划生育政策的比例只占20%。搞不好，生二胎的赵振宇夫妇还是少数民族，人家生二胎还是符合计划生育指标的。

有朋友说：净瞎扯，民国有计划生育吗？当然有，早在民国十五年（1926

年），上海市政府和租界工部局就开始推行节育计划了，只不过那时候只提倡，不强制，比较人性化罢了。

奇怪的是，那时候虽然没有强制推行计划生育，政府的节育计划却颇见成效。有统计数据显示，1930年第一季度，在战争和瘟疫都还没爆发的时候，上海的生育率就已经开始低于死亡率0.6个百分点了，当时全市超过45%的育龄女性选择只生一个孩子或者不生孩子。而且不光上海，在广州、杭州、汉口以及当时的首都南京，都出现了类似现象。

这组数据刊登在国民政府主办的《统计月报》第3卷第3期，编辑给出的解释是，生育率下降主要不是因为政府提倡节育，而是受了房地产市场的影响——那时候几乎所有的大城市都在闹“房荒”，房价涨幅远远超过收入，老百姓买房难，租房也难，为了不让下一代也跟着在七八平方米大小的小单间里租房住，受过新式教育的小职员小白领不得不选择节育。

民国时搞节育，手段很多。可以花大洋8角买一只子宫帽，也可以花大洋8分买一只安全套（当时小报上叫“如意袋”）。要是买这些嫌贵，请老中医配一种汤剂，生木耳加土茯苓，服用几次，终生不育（这是过去妓院里流行的方子）。还有疯狂的家伙到新式医院请大夫用X光照睾丸，据说这样能让睾丸失去造精功能（许晚成《最新实验男女避孕法》第9章《各种避孕法》，国光书店1941年版）。

照我看，这些都是多此一举。实践证明，房价就是最好的避孕药，只要你买不起房被丈母娘骂得跟孙子似的，买了之后每月还贷又累得跟孙子似的，即使你不采用任何安全措施，你也生不了孩子。因为房子让你焦虑，焦虑让你不育，你都不育了，还节什么育啊！

满洲国的房价

“九一八”事变后，日本人扶持前清皇帝溥仪在东北建立了一个傀儡政权，叫作“满洲国”，后来我们称之为“伪满洲国”，简称“伪满”。

伪满是傀儡政权，在它的统治下，老百姓生活在水深火热之中，跟我们现在的幸福生活比起来当然差别很大。不过差别再大也有相似的地方，举例言之：

我们有暂住证制度（现在某些城市改叫“居住证”了），在非户口所在地长期逗留，得办暂住证；伪满则有“寄留簿”制度，在非户口所在地长期逗留，得办寄留簿。

我们的税收政策对作家有歧视，单笔稿费超过800元就得扣税，税率高达20%（承蒙有关部门开恩，一直按七折扣税，实征14%）；伪满的税收政策对

◎溥仪在关东军策划下做了伪满洲国的皇帝（《日军侵略中国史画》第46页，上海文华美术图书公司1933年版）

作家也有歧视，单笔稿费超过600元（伪满币）就得扣税，税率竟然也是20%！

这种神奇的相似之处一度让我时空错乱，不知道是我们在跟伪满接轨，还是伪满的政策制定者穿越时空抄袭了我们。

还有更神奇的：现在房价居高不下，多数人买不起房子；在伪满时期的长春和哈尔滨，房价也是居高不下，也是多数人买不起房子。

跟现在比，伪满的房价并不高，1938年的长春市郊，一间瓦房也就240元。这240元当然不是人民币，而是伪满自己发行的货币，用这种货币买东西，两角钱能买一块香皂，3角钱能买一斤白糖，7角钱能买一斤猪肉，6分钱能买一斤豆腐，8分钱能买一个鸡蛋，花5元钱可以买一袋面粉（伪满长春一袋面粉的标准重量是44斤）。综合起来看，一元伪满币的购买力相当于今天15元人民币，240元伪满币也就等于3600元人民币。3600元就能买一间瓦房，一个小家庭买上三四间，不过一万多元而已。

房价这么低，为什么还有很多人买不起房子呢？因为收入太低。您知道，日本人在伪满大搞经济剥削，把工资压到了历史最低水平。在1938年，长春工人的平均年收入只有70元，要想买一套三四间房的普通住宅，得不吃不喝攒上10年以上的工资。而且他们不可能不吃不喝，70元的年薪换成粮食连糊口都不够，哪里谈得上攒钱买房？

徐志摩做中介

徐志摩收入很高，1927年，他同时在光华大学、东吴大学、大夏大学这三所大学教书，抽空还给几家杂志写专栏，薪水加上稿费，每月能挣600块大洋。

600块大洋不是个小数目，那时候全上海两万名黄包车夫不分昼夜倒班拉车，刨去份儿钱、营运费和违章罚款，每人每个月平均才挣9块大洋。南京社会科学调查所对上海100户人家进行记账式调查，每家按两个半人上班估算，平均每家月收入只有36块大洋。当时上海滩最出名的交际花，也就是高级性工作者，出入上流社会，包得起小轿车，每月纯收入才350块大洋上下。包括上海市的市长，本俸加勤功俸加各项补贴，月薪刚刚超过300块大洋而已。所以徐志摩

◉陆小曼

的收入不光远远高于普通的工薪阶层，也超过了高等妓女和高等官员。

但是，徐志摩的钱总是不够花。原因众所周知——他的爱人陆小曼女士花钱太厉害，是个购物狂、名牌控，另外还吸毒，徐志摩挣得多，她花得更多，钱一经她的手就会瞬间蒸发，每天都要吻别大量银元，用不太鼓的钱包烧着一把富贵之火。爱花钱不是缺点，问题是您得量入为出，老是挣一个花两个，用不了多久就得债台高筑。

债台高筑的结果是：徐志摩更加拼命挣钱，但凡给稿费给得利索的专栏，来者不拒。除了卖字儿补贴生活，他还瞅些小生意来做，譬如说，做房地产中介。

徐志摩有个姑父，叫蒋谨旃，蒋谨旃有个弟弟，叫蒋百里。蒋百里在上海市愚园路有栋房子，想卖掉，徐志摩听说了，高兴地说："我给你找买主儿，你给我佣金！"还有个叫孙大雨的人，在上海市衡山路有块地皮，也想卖掉，徐志摩毛遂自荐，愿意在里面跑媒拉纤，帮着找买家、谈价钱、写合同、按手印，完了拿一份儿佣金。

旧上海买卖房地产，经纪人从两头拿佣金，买方出1.25%，卖方出1.25%，总共2.5%的好处费。但徐志摩在给陆小曼的信中说："事成，我只要二厘五的一半，如有人要，最高出价多少，立即来信！"说明他对这两笔生意很迫切，唯恐人家不让他当中人，宁可把佣金打五折。

就算打过五折，那佣金也是很可观的。像蒋百里那幢房，要价是32000块大洋；孙大雨那块地，要价是白银5000两，折合7500块大洋。只要这两笔买卖做成，徐志摩就能分别拿到400块大洋和93块大洋的佣金，赶上他大半个月的工资和稿费了。

成三破二，田三屋四

民国很大，房地产经纪人很多，在不同的城市从业，佣金率是不一样的。

抗战前，上海市浙江路转角有一座乐天茶楼，是房地产经纪人的集聚地，那些进进出出的常客，不是帮人买卖地皮的，就是帮人买卖房子的，生意做成，行规是“二厘五的抽水”，也就是成交价的2.5%归经纪人，其中买卖双方各付1.25%。这个规矩轻易不能改变，作为专业的经纪人，你如果多收佣金，就会把客户吓跑；而如果少收佣金，同行们会说你恶意竞争，合起伙来拆你的台。当年徐志摩帮人卖房卖地，为了接活儿，私自打折，“只要二厘五的一半”，是因为他并非专业干这个，不怕其他经纪人找他的麻烦。

假如到了北京，规矩变了，佣金率比上海高一倍，上海的经纪人要2.5%，

標賣房產公告

鄞縣縣政府出售稻谷招標通告

黃長榮駁覆楊陳璧玉聲明

鄞縣立中心醫院招標承建宿舍啓事

宋緒康啓事

遺失聲明

◉标卖房产公告（1948年8月20日《宁波日报》第1版）

北京的经纪人要5%。这5%当中，买方付大头，卖方付小头，分别占成交价的3%和2%。譬如说小明在北京通过房屋中介小芳卖一套房子给小强，100万元成交，那么在签合同的时候，小强就得付给小芳3万元的佣金，小明则只需付给小芳2万元的佣金。这个规矩，当时叫作“成三破二”。“成”指的是购房者，“破”指的是卖房人。你知道，儒家社会对不动产是非常看重的，讲究祖业代传，不到万不得已的地步，自家的房屋和土地无论如何不能出卖，谁卖谁破家；别人的房屋和土地则尽可能要买到手，谁买谁成器。现在的开发商得庆幸自己没有生在民国，不然就数他们最“破”，因为他们卖房最多。好在这种陈旧迂腐的老观念只在房地产市场相对落后的地区如北京、太原、石家庄等华北城市存在，而在上海、广州、杭州、汉口，包括华北的天津，都没有卖房破家的忌讳。江南城市当中，唯一对出售房地产有忌讳的地方是福建闽清，那儿的市民管卖房叫“败产”，管买房叫“兴业”，经纪人的行规是“兴三败二”，意思是买家付3%的佣金，卖家付2%的佣金。

到了江西南昌，规矩又变了，人们通过经纪人买地，要付3%的佣金，通过经纪人买房，则要付4%的佣金。而不管是买地还是买房，都是买家一方付钱，这在当时叫作“田三屋四”。

“田三屋四”也罢，“成三破二”也罢，佣金率都比上海“二厘五的抽水”要高。但这并不代表房屋中介在北京和南昌从业会比在上海挣钱，原因很简单：当时上海的房子很贵，而北京、南昌等地的房子很便宜。

买房告白

《广州民国日报》是民国广州发行量很大的一家报纸，从1923年8月1日，到1923年8月15日，连续半个月时间，这家报纸的第7版都一直刊登一则启事，启事的大意是说：某人买了一幢洋房，坐落在惠爱路328号，东西占地10米，南北占地39米，权证齐全，水电皆通，买卖双方已经谈好价钱，准备在某月某日正式交易，哪位如果反对这桩交易，请在看到启事后尽快跟卖方联系，否则一旦完成过户，所产生的后果买方概不负责。

我相信很多朋友看到这样的启事都会犯嘀咕：既然房子权证齐全，买卖双方又是你情我愿，你们想怎么交易就怎么交易，别人凭什么反对呢？就是反对了也无效，不是吗？

犯嘀咕的朋友不了解古代中国和民国时代的房地产市场，您要是了解，就不会感到奇怪了。事实上，古代中国也好，民国时代也好，都有繁荣的房地产交易，繁荣归繁荣，产权却不明晰。

魏晋时代大宗盛行，几千口人共用一大片房子，你的房子你可以住，也可以继承、分割和改建，必要时也可以卖给叔伯兄弟，但就是不能随便卖给外姓旁人，真想卖的话，得整个宗族点头，至少得经过宗主同意。魏晋以降，大宗迅速崩溃，族长威权让位于政府集权，但是单个小家庭仍然不能自由处理自己的私产，卖房卖地仍然要经过族人和四邻的首肯，否则交易无效。所以在唐宋元明清等等朝代，想卖房的一般都得给隔壁王大爷、对门王大妈之类的人送礼，以便得到他们的签字认可，而想买房的人则如果见不到这些签字，就不敢轻易交出房款。

进入民国，宗族共产的保守文化差不多已经完全破产，卖房不再需要邻居签字（民初的华北还残留着这种习俗），但是政府的产权登记太混乱太滞后，一个人买房之前，很难从财政局、公安局、统计局、社会局等有关部门查到将要购买的那所房子究竟是不是重复出售，究竟有没有办理抵押，究竟跟邻居之间存不存在宅基纠纷。为了避免这些麻烦，购房者只好在报纸上刊登启事，用广而告之的方式引蛇出洞，把买房之后可能找麻烦的那些主儿都给找出来，让他们尽快跟卖方撕扯明白，然后再心无挂碍地交钱过户。

古代中国的卖房人为了避免日后纠纷，先找四邻签字，这在法律上叫作“先问亲邻”；民国时代的购房者为了避免日后纠纷，先在报纸上刊登启事，这在习俗上叫作“买房告白”。两种行为本质上都一样，都是产权不明晰造成的交易成本升高。

官员抬高地价

一个城市的人口越密，居住成本就越高，这似乎是个规律。

以天津为例。民国元年（1912年），天津共有421735人，每亩地平均要价366块大洋；民国四年（1915年），天津共有453382人，每亩地平均要价500块大洋；到民国十七年（1928年），天津已有871378人，亩均地价涨到了1309块大洋。从民国元年（1912年）到民国十七年（1928年），天津的人口越来越多，地价也越来越高，似乎一个城市的地价跟它的人口规模是成正比的。

可是咱们接着往下瞧：

民国十八年（1929年），天津共有893223人，亩均地价887块大洋；

◎蒋介石誓师北伐（《蒋主席画传》第116页，正气出版社1947年版）

民国十九年（1930年），天津共有929899人，亩均地价827块大洋。

问题冒出来了：民国十八年（1929年）和十九年（1930年）这两年，天津人口仍在增加，但是平均地价却在下滑。为什么？

原因可能有很多，譬如当时的调查样本不够典型，或者发布数据的人往里面掺了水分，就像统计部门做报表那样。而民国学者给出的解释却让我吃了一惊：

> 天津物价较低于北平，北平官员咸卜居于此，外国公使领事等亦多驻节于天津各租界，另有军阀逃亡天津，以租界为护身符。此辈因偿来之物甚易，并不在心土地价值之大小，唯在得地而已。又有一班投机者蜂拥租界及四马路附近，闻此辈购地，群耸抬价，故天津地价之高低虽由工商业之发达及人口之集中，而旧官僚之购买土地实为重要之原因。……民国十七年涨价不休，至民国十八年反形跌价，实因革命军北伐节节胜利，一班旧官僚皆以为旦夕不保，售地卖宅，避居海上也。

也就是说，民国十七年（1928年）之前天津地价之所以飞速上涨，是因为有很多官员来津置业，他们腰包里鼓鼓囊囊揣满了不义之财，出手很大方，根本不计较地价高低。炒家见状，趁机哄抬市场，把全城地价都给炒了上去。后来革命军北伐的消息传到天津，在这儿安家的官员担心小命不保，赶紧卖地卖房逃到上海。这帮有钱的爷一走，炒家找不到买主接盘，地价因而下跌。

民国官员财大气粗，他们出手买地，一个城市的地价会因之抬高；咱们的官员更是财大气粗，他们要是出手买房，会不会也把房价抬得更高呢？目前看，似乎不必担心，因为咱们的官员有福利房可分，有经适房可占，暂时还用不着去买房子。

土匪抬高房价

前段去北京参加书展，遇见一位神交已久的香港编剧，晚上我们喝酒，谈及香港的黑帮电影，他说：“港片里到处都是黑社会，好像治安很坏的样子，但实际情况不是那样；大陆的片子很少拍黑社会，好像治安很好的样子，但实际情况也不是那样。”作为大陆人，我深以为然，因为我知道咱们的片子一向是源于生活并高于生活的。

不过港片和大陆片也有共同点：只要拍民国题材的“上海滩”，就都敢祭出黑帮来，片头刀光剑影，片尾剑影刀光，“大哥”们戴着墨镜叼着雪茄坐着福特轿车，在旧上海的弄堂里横冲直撞，帮派与帮派之间的巷战比大小便还频繁，长刀与短枪共舞，人头与斧头齐飞，升斗小民似无生理。实际上，民国上海虽然确实山头林立、帮会众多，可那些帮会还没有猖狂到动不动就当街杀人的地步，尤其在公共租界，治安之佳并不亚于今日上海。

民国治安真正混乱的地方，不是上海滩，也不是其他大城市，而是农村。农村饥民多，暴吏多，乱兵多，土匪多。饥民抢大户，暴吏抢饥民，乱兵和土匪抢所有人，这在北洋时期、日伪时期和国民政府时期，都是普遍现象。我听我祖父说过，我们豫东农村几个失了地的佃户一拜把子，就敢打出“某某游击队”的旗号，夜里闯进地主家扛粮食扛人，或者把地主家小少爷绑走，让地主交钱赎人。被绑的人家还不能报警，一报警就撕票，再说凭那时候的通讯手段、交通条件和极其腐败的基层吏治，就是报了警也没用。所以民国的有钱人在农村是很不安全的，大伙都往城里搬，剩些土老财热土难离，只好把围墙加高，把自己家弄成碉堡。

茅盾长篇小说《子夜》里面，资本家吴荪甫的二小姐说：“近来是乡下土匪太多，大家都搬到上海来。”她说的是实情。毛泽东在湖南做调查，发现

“农村匪患甚多，富裕之家每多迁入长沙，以致小农肥田资金无从筹借”，他调查的也是实情。只是毛泽东同志调查得还不够全面：大批的农村富人往城里搬，造成的影响不光是小户农民没处借钱，还抬高了城里人的居住成本。

有汪伪政府1943年《全国司法行政会议实录》为证：

> 盖因匪患频发，乡村人口集中于都市，原有房屋供不应求，于是业主及二房东往往贪图挖费、顶费，迫令房客迁让……

从这个角度看，那时候不是丈母娘抬高房价，而是土匪抬高房价。

村霸也抬高房价

我打小在豫东农村长大，近些年也经常回农村长住，所以对农村还算是有些了解的。据我所知，我们那儿的农村有两个特色：一、计划生育不好搞；二、武术学校特别多。

计划生育不好搞，不是因为重男轻女的传统观念作怪，不生儿子不罢休，而是因为生了儿子还不罢休，还想再生更多的儿子。生那么多儿子干吗呢？让他们长大后跟人打架。因为那种穷乡僻壤的活路很窄，开店铺有人争，挖土方有人争，连给新修的广场栽树种草这种活儿都有一大帮人抢着干。那儿又没有什么公开竞标，争到最后往往要靠动武来解决，打赢的才有钱挣，打输了就只能一边凉快去。所以在这种环境里，一个人不想赚钱则罢，要想赚钱，还是让爹妈给自己多生几个亲兄弟比较保险。要是爹妈生不出那么多亲兄弟怎么办呢？好办，走贵精不贵多的路线，把孩子送进武术学校，什么金钟罩铁布衫八卦掌罗汉拳都练他一练，争取将来一个打人家八个，靠着神功独霸一村，照样能出来接工程。

那位说了，他们动不动就武力解决，不怕警察抓人吗？还真不怕。第一，那儿至今不通公路，警车根本开不进村，你8点钟瞧见打架立马报警，等警察安步当车来到现场的时候至少已经是11点钟了，连收尸都来不及；第二，村里很穷，没什么油水，警察宁可在县城里罚款，也不愿去农村出警，只要不构成重伤，警察一般是不会来的，就是来了也是调解，还不如原被告自己私了。所以近些年的农村治安非常差，我个人的切身体会是，偷窃比以前多了，村霸比以前多了，村民的安全感比以前少了，那些出外打工的年轻人稍微有点儿积蓄，都会选择在城里按揭一套房子，以便逃离这个没有安全感的家园。

民国农村土匪太多，逼着有钱人往城里逃难，最终抬高了城里的房价。现在农村倒没有土匪，但是有村霸，村霸破坏着农村治安，逼着打工仔往城里逃难，对城里的房价上涨也做了一点贡献。以我老家的县城为例，近三年当中，房价每年涨一倍，超半数的买房者都是来自附近农村的打工仔。

民国土匪抬高房价，现在村霸抬高房价，都挺让人沮丧。不过我们也可以换个乐观的角度看问题：那些土匪和村霸逼着农村人在城里买房，客观上也是在推动中国的城市化进程，也是“在下一盘很大的棋”呢！

房价难预料

晚清考进士，不算恩科的话，三年一次，考场设在北京。参加考试的举子很多，平均每次14000人。这么多考生，再加上他们带来的家眷、仆人和枪手，至少5万人。5万人涌进北京，给北京的小贩带来了商机，也给北京的房地产市场带来了繁荣。当时交通不便，通讯不便，考生怕路上误事儿，提前赶到北京。考完试还要等放榜，放榜之后，考中的还要参加皇帝主持的殿试，考不中的还要留在京城再接再厉。所以他们需要租房，而且一租就是几个月。所以每到“会试年”，北京的房租都要猛涨，等大部分考生都走了，房租又会回落下来。考试抬高房租，这是我要说的第一个规律。

太平天国起义那些年，造成了很大破坏，太平军及其雇佣的欧美士兵所到之处，既杀清兵，也抢百姓。所以太平军攻到上海的时候，上海人吓得纷纷逃进租界，华界房价随之暴跌；攻到宁波的时候，宁波人也吓得纷纷逃离，宁波房价随之下跌。战争降低房价，这是我要说的第二个规律。

但是以上两个规律并非总是有效。

比如说同治年间，会试仍然在北京举行，考生仍然维持在14000人左右，北京的房租却没有涨，甚至还有下跌的迹象。为什么呢？原来那几年暴发瘟疫，考生集聚北京，瘟疫传染得更厉害，北京人害怕传染，在乡下有亲戚的市民都携家带口躲到农村去了，房子空出来一大片，供应增加，房租自然不会再涨了。

再比如说太平军快攻到北京的时候，北京也没有像上海和宁波那样房价骤跌，因为人们相信有皇帝在北京坐着，防卫一定非常强大，太平军不可能占领北京城，所以基本上没人出逃，所以房价也就没有下降。

容我再举个民国的例子。

1937年，日军占领北京，北京的房价反而暴涨。是因为鬼子让北京更加繁荣安定吗？当然不是。日军在北京四乡放火杀人，把乡民都赶到城里去，同时又有一批一批的日本侨民在北京安家落户，人口不减反增，城内一屋难求，房价于是上涨。后来日本投降，北京光复，侨民滚蛋，乡民返家，北京人口减少了。照理说，房价得降对吧？实际没有降，城内仍然一屋难求——日本人走了，空出来的房子又让国军和官僚当成“伪产”给占了，原业主要不回来，得租房或者买新的，需求仍然旺盛。

我的结论是，影响房价的因素很多，房价很难预测。

两种按揭

广东省有个江门市，江门市有个新会区。民国那会儿，江门只是个镇，在新会县的管辖之下。

新会县有家银号，叫乐信银号；江门镇有家米店，叫永丰米店。民国十四年（1925年），永丰米店从乐信银号贷了一笔款，贷款合同是这样写的：

> 今揭到乐信银号3447两，折毫银4787元，为期6个月，月息一分二厘行算，愿将本号铺底为按，如逾期不能清偿本息，任从乐信银号将所按物变卖抵债。

意思是永丰米店用该店产权做抵押，向乐信银号贷款4787元毫洋，商定每月利息1.2%，如果永丰米店半年内没有还本付息，乐信银号可以把永丰米店卖掉。

半年的期限到了，永丰米店没有还上贷款，乐信银号按照合约去收房子，永丰米店的老板却不让人家收房，于是乐信银号把永丰米店告上了法庭。法官说，既然你们立有“按揭帖”，就按“按揭帖”去办好了，被告还不上贷款，理应让原告收走店铺。（参见《广东高等法院月报》1931年第2卷第5期《梁先荣与钟沛因按揭涉讼控告案》）

相信您已经注意到，在永丰米店跟乐信银号签订的合同里，抵押叫作“按”，借贷叫作“揭”，这其实是南宋以后中国金融市场上惯用的术语。相信您还注意到了法官的用语，他称抵押贷款合同为“按揭帖”，把“按”和“揭”这两个各有独立含义的术语变成了我们现代人耳熟能详的一个词：按揭。我认为，“按揭”一词就是从此登上历史舞台的。

民国的按揭分为两种，用民国上海房地产专家陈炎林的话说：“一为手中拮据，以产业权作通融款项之担保品；一为欲购产业而款不敷，暂以欲购之产业充数抵款。”（《上海地产大全》第250页，上海地产研究所1933年印行）意思是存在两种按揭，一种是为了解决经营资金周转不开的问题，用房子去贷款；一种是为了解决不能一次付清房款的问题，用刚交了首付的房子做抵押，让银行代为付款。

在民国按揭购房

80多年前，名医陈存仁在上海南城瞧中一幢两层小楼，想买，一问价，25000块大洋，陈存仁翻翻家底，只有5000块大洋，买不起。这要搁北京、天津，或者青岛、汉口，买不起只能买不起了，如果执意要买，只能问亲戚朋友借，借足20000块大洋，才能把购房款凑够。可是陈存仁没借这么多，他只借了10000块大洋，加上自己的5000块大洋，给了卖主15000块，就把房子买下来了。

陈存仁是分期付款吗？不是，他是按揭买房。他先跟卖主签了房契，然后找一银行，把房契押上，让银行把那10000块大洋的余款垫付给卖主，以后的日子，陈存仁向银行还本付息，直到本息付清，再把房契从银行拿走。以上程序，正是现代购房者所熟知的按揭。

◉上海的弄堂

在民国上海，靠按揭来实现安居理想的人不止陈存仁一个，房价极高的时候，近八成购房者都走按揭的路子。当时接受按揭申请的机构也不光银行，购房者还可以找钱庄，甚至连一些经营项目跟存贷款八竿子打不着的航运公司都在开展按揭业务。比如说，您回民国上海买一两居室，开发商要价200万元，而您只有50万元，但是您跟某轮船公司的经理熟悉，您可以用房本儿做抵押，让轮船公司把余款150万元垫付给开发商，以后您再去轮船公司还贷就行了。

可以想见，这种交易形式极大地便利了购房者，同时也便利了开发商，它让腰包不鼓的购房者提前圆了住房梦，也给开发商带来了更多的目标客户。遗憾的是，当时只有上海和杭州可以按揭，在民国时代的其他都市，包括一度作为国民政府所在地的南京，以及房价、地价不亚于上海的广州，都没有按揭买房的先例（杭州除外）。1936年3月4日的《申报》刊载评论说：

> 上海房地产与内地完全不同：内地业主必先有余财，方能置产，遗之子孙，世守其业；上海则完全营业性质，以三四成之垫本，即可购置产业。

说的就是按揭购房只有在上海等少数城市才能实现。

三尖两刃刀

房价相对收入过分昂贵，普通老百姓买不起，这个现象绝对不是最近几年才出现的，在民国时代就已经表现得很突出了。尤其是上海，早在民国前期，房价曾经涨到要用金条来计算，以至于“居住上海之人民，除却少数以外，生活上所最感困难者，莫过于住居问题之解决”（上海特别市政府《建设上海市中心区域计划书》，1927年印行）。

这本书里不止一次谈过，民国上海的房价一直居全国首位，远远超过北京、南京和天津，只有广州的房价，由于大批侨商斥巨资入市炒房的缘故，偶尔能跟上海并驾齐驱一回。上海房价高，原因不止一条：一是开埠早，发展快，经济繁荣；二是有帝国主义势力罩着，比其他城市安全；第三，只有在上海以及其他极少数城市可以按揭购房，别的城市不可以。

聚兴诚银行是四川最大的银行，在不动产方面，只办理抵押贷款，不办理按揭购房。富滇新银行是云南最大的银行，也是只能用房子融资，不能申请按

◉拥堵的上海（《内战结束的前夜》第28页，广西师范大学出版社2009年版）

揭购房。内地资本雄厚的银行尚且如此，民间小型金融机构如当铺、钱庄、银号、合会、印局等等就更不用说了，通常情况下，连地契和房契都不能作为抵押品。只有在上海，无论外国银行还是国有银行，甚至包括私人钱庄在内，都能为购房者办按揭。1931年，上海商业储蓄银行的贷款总额当中，光按揭购房就占了14.08%，您可以想见那时候上海银行对按揭的重视，以及人们按揭购房的劲头。

按揭有个好处，可以帮助不太有钱的购房者提前住上自己的房子；也有个坏处，无形中扩充了购房需求，让房价上涨得更快了。

我没说按揭的坏话，我只是说它有利必然也有弊，就像一把没柄没鞘没护手的三尖两刃刀，一刀出手，入市的门槛断了，自己的手也被扎出血来。

女生爱房子

丁玲做京漂的时候，总是搬家，租到房子之后，又想租更好的房子，骑着驴找驴，天天带着男朋友胡也频看房，盼着能租到一个既干爽又僻静的“家”。后来他们到了上海，也是这个样子，“各处看房子的习惯，还好好保留到生活上”，“永远想象下一个月住的地方应比目前住的稍好一些，所以这里那里去找住处”（沈从文《记胡也频》）。

真正喜欢看房子的，不是胡也频，是丁玲老师。丁老师虽然豪爽，毕竟是个女生，女生爱逛街，爱购物，也爱看房子。她每拿到一笔可观的稿费，或者“没什么正经事可以做时”，都要催一催男朋友：“频，我们出去看房吧！”胡也频只能陪着。

我所知道的民国女子当中，不爱房子的一个也没有。张爱玲够清高吧？她跟姑妈合租公寓，心里想的是什么时候拥有一间属于自己的小屋，“我将来想

◉丁玲

◉冰心夫妇

要一间中国风的房”——她对记者说。她的闺蜜、另一个畅销书女作家苏青，跟老公闹冷战时，也“只想有一个房间，是自己租的”，可以让她“安稳关在里面，呜咽到天亮”。

冰心女士给读者的印象是一贯风花雪月，《寄小读者》玩小清新，《小橘灯》玩小温暖，不食人间烟火似的，可是你看她写给河南籍女作家赵清阁的信，务实得很，总是说北平房价如何如何，上海房价如何如何。抗战时，冰心一家在重庆，随着政府机关和大量难民的迁入，“重庆是一天比一天拥挤了，每天都有一船船的人到来，要想找个住处，简直比登天还难”（老舍《鼓书艺人》）。由于租不到像样的房子，冰心极力建议老公吴文藻买房，吴文藻不上心，她就独力操办，用6000块版税在歌乐山上买了私宅。冰心的好朋友、英国女作家伍尔芙说：“一个女人要想写小说，一定要有钱，还要有一间自己的房子。”（伍尔芙《一间自己的屋子》）冰心深表赞同，并用行动来响应——在伦敦留学时，“天天看广告，找房子住”（冰心《关于自传》）。

也许在女性看来，一所舒适的房子，是私密的安乐窝，是安全的保障。可是男人不这么想，因为男人根本不需要私密，同时他们还相信自己就是安全的保障，虽然大多数男人所能提供的安全感远远不如一套房子。

冰心产业考

2012年有一新闻很火：冰心的孙子因为父子争端，迁怒于冰心，跑到冰心的墓地里，在碑上乱涂乱画。记者采访他，他或有意或无意地提到冰心的遗产，说“奶奶去世时留下11.5套房子”。

该新闻被多方转载，网上的评论也很多，相当一部分评论都在斥责冰心的孙子，说他做得不对，不孝得很。但也有一些朋友只对冰心的房子感兴趣：11.5套房子，冰心怎么会有这么多产业？多出来的那半套是怎么回事儿？

有人说，冰心出身豪门，那些房产应该是她的祖父或者父亲留下来的。这话不符合事实。冰心的祖父谢銮恩是有一所大宅子，位于福州南后街杨桥巷，

◎冰心夫妇及其子女

是从革命烈士林觉民（就是写《与妻书》的那位）的家属手里买的，现在既是冰心的故居，也是林觉民的故居。可那所宅子不属于冰心，也不属于冰心的父亲，它是整个谢氏家族的共有财产，绝不能划到冰心的名下。冰心的父亲谢葆璋官高位尊，北洋军阀时期做过海军部军学司司长，后来又升任海军部次长，可他并没有买过房子。谢葆璋带着冰心以及冰心的弟弟在北京定居了很多年，一直是租房住：先是在铁狮子胡同（现在叫“张自忠路”）的剪子巷租三合院，租了长达14年，后来冰心的弟弟结婚，房子不够住了，又搬到圆恩寺附近租了一所四合院。北洋政府倒台后，谢葆璋迁居上海法租界，仍然是租房，在今天的徐汇区租了一所洋房。可以这样说：终谢葆璋一生，没有置下一处私宅。

冰心结婚比较晚，29岁才成家，在当时算得上是大龄女青年，那时候她已经从美国留学归来，在燕京大学教书，薪水不低，在文坛也已经颇有名气。她的男朋友吴文藻也是留美的海归，也在燕大教书，两人稍微攒点儿钱，是能在北京买套婚房的。可是他们没有买，在西山大觉寺租了一间客房，听听晨钟暮鼓，看看满山红叶，就把婚结了。吴文藻是江苏无锡人，无锡有他的祖宅（现在也成了冰心故居），导游介绍说那是“冰心当年的婚房，是她和吴文藻爱情的见证”。其实他们是在北京结的婚，婚礼结束后直接去了杭州莫干山度蜜月，根本没有回无锡。

蜜月结束后，冰心夫妇住在燕京大学校园：燕大分给他们一所两层小楼（并非特别待遇，当时燕京大学很多老师都分到了这样的住房），他们住了将近10年，直到抗战后迁往昆明。目前这幢小楼已经不复存在，即使存在，它也不是冰心的产业，因为冰心夫妇只有使用权，没有所有权。

从1938年到1940年，冰心夫妇在昆明教书，先在城里租房，后来为躲避轰炸，又搬到城郊租房。跟西南联大的所有教授一样，他们没有在昆明购买一套房子。1940年，他们从昆明去重庆，冰心用版税在重庆歌乐山的半山腰买了一所房子，只花了6000块，而且还是法币。之所以如此便宜，是因为该房离市区太远，而当时交通极为不便，山上的房子并不像今天这样吸引人。

抗战胜利后，冰心夫妇回到北京，仍然住在燕京大学分给他们的那所小楼。再后来他们去日本定居，还是租房。1951年回国，住的是公房。后来吴文藻去世，冰心住进高级知识分子才能住的“高知楼”，房间很大，居住条件很好，有阳台，有暖气，有太阳能，还有保姆和司机。用冰心的话说：“在住房问题上，我觉得比我的许多朋友都优越。”（冰心《介绍三篇小说和三篇散文》，发表于1987年10月17日的《文艺报》）但再优越也是公房，不是冰心的私产，冰心每月甚至还要象征性地交些房租。

冰心去世前对人说过：“我这人真是一无所有，无权可夺，无官可罢，无级可降，无款可罚，地道的无顾无虑，无牵无挂。”（冰心《我的家在哪里》，发表于《中国文化》1992年第6期）她说这话时是没有粉饰的，至少那时候她并没有一套完全产权的房产。她一生只买过一次房，就是重庆歌乐山那所，不过那所房子早就不复存在了，不然的话，中国肯定又会多一处“冰心故居”。

坦白说，我不太喜欢冰心的文章，也不是很钦佩她的骨气，不过我相信她在财产问题上是清白的，她孙子说的那“11.5套房子”，只是在故意夸大。

用意念影响房价

将近一个世纪以前，天津房租高昂，建房取租能获暴利，从事房地产开发的人越来越多。据时人调查，天津缺少专业的房地产开发公司，倒是各大银行纷纷兼营房地产，另外军阀和富商也参与到这一领域中来（参见民国学者房师文调查报告《天津市地价之研究》第二编第三章）。所以有人编了竹枝词来描述天津房地产市场的火爆情形道：

租界街基价倍腾，房金移转即加增。
更多阔佬营三窟，土木工程日日兴。

但是这种大好形势并没有持续多久。1927年元月，随着国民革命军北伐力量的壮大，国人分别占领汉口租界和九江租界，天津租界上的人心也恐慌起

◉守卫汉口租界的英国士兵〔英国国家图书馆藏，编号9056.p.10（94）〕

来，在此避居的前清遗老和失意军阀唯恐北伐军打到天津，赶紧抛售产业，前往上海租界避风头。于是天津房价突然下降，前期开发的商铺和住宅无人过问，楼市崩盘了。

在民国，同样是经受战争，有的地方房价下跌（如国民革命军北伐时期的天津），有些地方的房价反倒上涨（如日军占据时期的北京）。那么战争究竟是会让房价上涨，还是会让房价下跌呢？一般来说，哪个地方能成为和平孤岛，那个地方的房价一定上涨（例如两宋之交的杭州、辛亥革命时的租界），而那些战火延烧到的地方，房价一般会下滑。更准确地说，房价是涨是跌，主要看人们的心理预期，假如多数人认为当地会变成和平孤岛，则炮声一响，房价就涨；如果多数人认为当地会被战火烧到，则炮声一响，房价就落。

最能直接影响房价的因素不是供求关系，也不是战争，而是人们的心理预期。只要多数潜在的购房者相信房价会涨，那么无论空置房有多少，也无论房价超出普通人的支付能力多少倍，甚至不管战火离家门口有多么近，都不会影响房价的继续上涨。

而又是什么因素决定了人们的心理预期呢？主要是公众所掌握的信息。只要有足够多的新闻或者谣言显示房价会跌，那么人们就会真的相信房价会跌，然后房价就真的会跌。从这个角度看，楼市是唯心的，房价是受意念控制的，就像魔法一样。

在解放前炒房

1945年，日军投降之前，多数市民认为光复在即，需求即将猛涨，于是头脑灵活的商人到处开设“皮包公司”，通过买卖房地产获取暴利。那时候，“踢皮球”、“飞过海”之风盛极一时，譬如某人认为某块地皮一定会涨，就向原业主高价求购，交过定金之后，直接就拿着定金收条去找中介，加价卖给另一个相信地皮会涨的买家。房地产中介则玩“抢帽子”的把戏，私自在委托方要求的卖价之上再加一成，仍能找到愿意上当的买家，既赚佣金，又赚差价。到了1947年前后，上海市区稍有积蓄的市民都加入到炒房的人潮中去，只要是套房子，哪怕即将倒塌，都能在市场上接二连三地转手，每转一次手都要

◉1948年的上海街头（《内战结束的前夜》第27页，广西师范大学出版社2009年版）

加一次价。各大房产公司眼见市场如此火爆，都把重心放到囤地上，有一家“国华地产公司”，开发土地仅仅半亩，囤积的空地却多达229亩。设想一下，假如我们穿越到那个时代，见到房地产投机激烈，开发商囤地如此凶猛，还会以为穿越错了，没有回到民国，只回到限购以前的2010年了呢！

由于投机的缘故，上海的房价和房租达到了历史最高点，买房必须以“大条”计，租房至少要用“小黄鱼”支付（大条指10两重的金条，小黄鱼指1两重的金条）。有人感慨：“以上海为例，顶屋费用动辄需黄金数条乃至数十条之多，租金多以美钞、英镑计算者，似此金楼银阁，非法勒索，除少数富商大贾问津外，一般平民莫不感到居住压迫的痛苦。……各种事业机关与一般公教人员因觅屋困难，栖息无所，以致焦虑频仍，工作无力。”（1946年4月21日《申报》刊载的评论）可见不光低收入阶层租不起房，连公务员都租不起了。

房子太贵，绝大多数人别说买房，连租都租不起，上海房荒可谓非常严重。可是细究起来，这种所谓的“房荒”并不是因为房屋短缺，也不是因为需求太多，只是因为过分的投机把居住成本炒得太高而已。解放前夕，作家柯灵写《枫桥的梦》，有一句话非常写实，至今可视为名言：

> 其实上海何尝房荒，平民虽立锥无地，而达官贵客，巨宅连云，所荒的，是平民没有金条而已。

第二章　在民国租房

民国流行租房，除非特别特别有钱的人，以及在一个城市住的时间特别长、早在晚清或民国初年就置了业、称得上是土著的人，能拥有一个或者几个属于自己的窝，绝大多数人都是在租房住。这跟社会风气有关，那时候的丈母娘还没有“买房才能结婚”之类的普遍要求，大家追求的是有房住，而不是有房子。

丁玲租房

民国十二年（1923年），丁玲还是一个普普通通的京漂，她一个小姑娘，独自在北京一所名叫“通丰公寓”的筒子楼里租单间。那所单间的布置是这样的：“床是硬木板子的床，地是湿湿的、发霉发臭的地，墙上有许多破破烂烂的报纸，窗纸上画了许多人头。”（沈从文《记胡也频》）

民国十三年（1924年），丁玲跟男朋友胡也频同居，继续在北京租房。他们俩收入很低，入不敷出，好一点儿的房子租不起，可是又总是梦想着能够租到既便宜又舒服的房子，于是常常搬家。他们在西山租过农家院，环境优美，贴近自然，房租也不贵，每月9块大洋。就是谋生不方便，因为邮政和交通都不发达，想投稿，得步行去市区。所以又搬回筒子楼里租单间。后来觉得筒子楼不接地气，又搬到大杂院里去……为了租到合适的房子，这对小情侣曾经跑遍整个北京城，见到街边的招租广告，就去按图索骥看房子，看过之后就叹气，因为租不起。

民国十七年（1928年），丁玲和胡也频转战上海。上海发展机会比北京多，房租也比北京贵，为了省钱，他们跟好朋友沈从文在法租界善钟路拼租一间房，沈从文睡床，丁、胡小两口睡地板（沈从文《记丁玲》）。后来丁玲在文坛一举成名，有些家伙揭她隐私，说她生活作风很坏，既跟胡也频好，又跟沈从文好，其“证据”就是丁玲和这两个男人同租过一间房子。

后来丁玲和胡也频搬了出去，在上海永裕里13号楼的三楼租房，仍然是单间，没有厨房，那间房既是卧室，又当厨房用。“煤油桶、米袋、打汽炉子以及大小碗盏，平时完全搁在床底下，需用时方从床底拉出，不需用时又复赶快塞进床底。”房间里也没有水龙头，“为了吃饭，两个人每天大约下三楼提水六次”，甚至连一块切菜的砧板都没有，“用照相框的反面作为砧板”。

丁玲的租房生活，在民国绝非个案。沈从文说过："有许多年轻人是那么过下来，且如我们自己，也还得过许多年，且在1931年的今日以后，仍然还得在那种极类似的情形里过日子。"

其实把沈从文的后半句稍作修改，对现在的"许多年轻人"来说照样很贴切："且在2012年的今日以后，仍然还得在那种极类似的情形里过日子。"

假如巴尔扎克去北京租房

巴尔扎克还没红的时候，在巴黎一幢老式公寓的顶层租小阁楼。那间阁楼小得可怜，墙壁又黄又脏，一副穷酸相，在屋里咳嗽一声，房顶的灰就簌簌地往下掉。由于年久失修，墙角都裂了大缝，晚上躺在床上，可以仰望星空。就这样破旧的房子，每年要交60法郎的房租。

那时候法郎是金币（也有纸币法郎，跟金币的购买力等同），一法郎含纯金0.32克，按现在的黄金牌价，能换人民币100多元，60法郎就是6000多元。年租6000多元，月租自然是500多元。今天在广州城区或者上海城区租这么一间小阁楼，月租大概也得这么多。所以不严格地说，现在我们一线城市的房租跟巴尔扎克时代巴黎的房租差不多一样高。

巴尔扎克租小阁楼的时候，中国已是清末，清末的银两跟法国的法郎之间有一个比较稳定的汇率，纹银一两能换4法郎，60法郎相当于纹银12两。

拿12两银子在清末的北京租房，可比拿60法郎在同时期的巴黎租房要划算得太多了：在四合院里租一间小南房，一年不过5两银子，只相当于20法郎，另外就居住舒适度而言，小南房绝对比小阁楼强得多。所以我要能穿越的话，我会劝巴尔扎克移民到清末的北京，这样他能以更低的生活成本写出更有异域风情的小说。

但是巴尔扎克不宜在北京待得太久，因为进入民国以后，北京的房租也贵了起来。民国时有个叫加藤镰三郎的日本人在北京居住，听见房客抱怨，甲说："现在北京的房价可了不得了！"乙说："可不是吗，简直涨得没有王法了！"他们说的"房价"就是房租，那时候不流行买房，无论贫富一律租住（土著除外），房租一涨，会给民国人造成很大压力，就像现在的房租给还没买房的人造成很大压力一样。

说是“涨得没有王法”，究竟涨到什么地步呢？东四牌楼的四合院，本来每间小南房年租5两银子，民国十三年（1924年）涨到了10两银子，也就涨了一倍而已。问题在于人们收入很低，加藤镰三郎跟一个拉洋车的车夫聊过，那车夫一年收入折合成纹银是33两，除去交份儿钱和违章罚款，仅够哄饱肚皮，哪还有钱租房。

马克思的房租

英法联军火烧圆明园的时候，马克思正在伦敦租房，他给报纸写稿，稿费不够养家，常常需要老朋友恩格斯来救济。我们来看一眼马克思夫人燕妮的日记：

> 卡尔听到盼望已久的邮递员的重复敲门声，高兴得不得了，这一定是弗雷德里克，两英镑得救了！

卡尔就是马克思，弗雷德里克就是恩格斯。马克思一家正在为钱发愁的时候，听到了敲门声，相信一定是恩格斯又寄来两英镑的汇款，可把他们高兴坏了。

两英镑听起来不多，却能买很多东西。我读过英国历史学家Hobsbawm（此人是马克思主义信徒）的经济史专著*Industry and Empire*，里面载有马克思时期的物价：面包每公斤3.5便士，牛肉每公斤15便士，鸡蛋每个1.5便士。那时候一英镑等于240便士，两英镑能买137公斤面包，或者32公斤牛肉，或者320个鸡蛋，马克思一家光糊口的话，这两英镑够他们花几个月。

但是马克思一家的开销不仅是饮食方面，还得交房租。伦敦的房租高得吓人，马克思在伦敦索荷区第恩街租一套很简陋的房子，年租22英镑，后来搬到郊区汉普斯德，房子属于中产阶层居住的那种，年租要付72英镑。恩格斯寄来的两英镑还不够马克思交一个月的房租呢！

同期北京的房租就便宜多了，英法联军撤出北京以后，总理各国事务衙门附近一处四合院，正房三间，东西厢房各两间，属于当时中国的中产阶层居住的房子，年租金还不到17两。当时英镑和白银之间也有一个稳定的汇率，一英镑兑换白银3.2两，17两才5.3英镑。马克思没有到过中国，不然他会冲着低房租迁居北京，在四合院里创作《资本论》的。

北京房租之所以远远低于伦敦，主要是因为北京人的收入远远低于伦敦，用晚清时期美国驻华外交官何天爵的话说：“如果劳动者的工资很低，那么维持劳动者生存和使他恢复再生产能力的生活资料价格也必然相应地降低。”这是个基本规律。

胡适也发现过这个规律。北洋时期他在北京教书，租一所四合院，月租20块大洋，他月薪200块大洋，是房租的10倍。后来他去美国讲学，收入比在国内高出好几倍，可是美国的房租也比国内高出好几倍，收入仍然是房租的10倍。他只好在美国挣钱，回中国花了。

殖民者抬高房租

前段时间读过一本回忆录，英国军官Okey Hill写的，书名叫*An Englishman in Albania*（《一个英国人在阿尔巴尼亚》）。书里有一段写Okey Hill在1929年应聘为阿尔巴尼亚宪兵的高级军官，在阿尔巴尼亚的首都爱尔巴桑市租了一所房子。那是一座带有地下室的独栋别墅，只有一层，建筑面积不大，有客厅、餐厅和厨房，卧室只有两间，房子的前面有个花园，房子的后面有块空地，空地上种着几棵橄榄树。就这么一所房子，房东收的租金是一年100个拿破仑。拿破仑是金币，等于20法郎，一法郎大约能换纯金0.3克，100个拿破仑等于纯金600克。我查了查今天的黄金牌价，每克337元，也就是说Okey Hill一年要付20万元的房租。这个数据很吓人。

黄金的购买力是从弱到强的，商鞅变法的时候，黄金价值只是白银的3倍，这个比率到唐朝变成15倍，到清朝变成30倍，现在已经到了50倍左右。在1929年，100个拿破仑金币虽然能换600克纯金，未必就值20万元。即便如此，100个拿破仑也不是小数，Okey Hill回忆说，大多数阿尔巴尼亚人年收入在25个拿破仑以下。换句话说，那所小别墅的房租是大多数阿尔巴尼亚人付不起的。

本来房地产市场有个规律：一个地方的居住成本跟人们的收入成正比，如果大多数人收入很低，房价和房租是不可能高到哪儿去的。这个规律在阿尔巴尼亚似乎失效了。

其实没有失效。那时候的阿尔巴尼亚是法国殖民地，国内有很多“老外”，阿尔巴尼亚人收入虽低，“老外”的收入却很高，例如Okey Hill的年薪就高达300个拿破仑，别墅房租只占他收入的三分之一而已。所以我们要判断一个地方的房价和房租还能涨多少，不要光看当地人的收入，还得看当地有多少高收入的外地人。

还有一个例子是19世纪下半叶的澳门。时任英国驻广州领事巴夏礼为他的妻子在澳门租了一套很普通的民房，年租高达800块鹰洋（墨西哥银元）。那时候澳门土著奋斗一年也见不到几块鹰洋，正是因为大批高收入的英国人、法国人和葡萄牙人的迁入，房租突然超过了他们的收入水平。

段祺瑞租房

去年有个领导号召大伙以租代买，只求有房住，不必有住房，还拿自己举例，说自己没有买过一套房子，20年来一直租房。

做了官竟然还租房，实在是奇迹，不过在过去很常见。我在拙著《君子爱财：历史名人的经济生活》里考证过，白居易做官以后租了18年房子，海瑞做官以后也租了18年房子。我还在拙著《千年楼市：穿越时空去古代置业》里考证过，宋朝很多大臣一生租房，元朝的蒙古人到江南做官，只能租房，不能买房（一是怕他们低价强买民房，二是怕商人用房子变相行贿，三是怕这些蒙古人在江南置业之后乐不思蜀，变得跟“南人”一样软弱）。

民国时代租房的官员也不少，段祺瑞就是一个。段祺瑞当过国务总理，还做过中华民国临时执政，要权有权，要钱有钱，可是从账面上看，他没有买过一处宅子，也没有买过一片地皮。当然，当领导的不一定需要买房，别人会送上门去，袁世凯就送过他一所豪宅，价值40万大洋，按那时候大洋的购买力折合人民币足有5000万元。他不要，袁世凯再送，他还不要，老袁摆出老领导的脸子来：“芝泉（段祺瑞的号），你再客气，我可要翻脸了！”段祺瑞只好不客气，住了进去，可是等袁世凯一死，他又把宅子退回去了。

民国十五年（1926年），段祺瑞的卫队枪杀请愿的学生，史称“三一八”惨案。惨案过后，段祺瑞逃进东交民巷，在外国人的保护下做了东交民巷的房客。然后他宣布下野，退居天津日租界，皈依我佛，每天吃素，自号“正道居士”。民国军阀时热时冷，热时权势熏天不可一世，一副治国平天下的架势，等大势一去，就把佛门当作避难所，宛然一虔诚信徒。很多军阀虽然“皈依”了，钱包还丰满得很，买地皮，建别墅，纳小妾，包戏子，忙得不亦乐乎。段祺瑞似乎是真皈依，他捐钱做功德，他不买也不建，他租房过日子。

不过谁也不敢断言段祺瑞真的没买过一套房子。他下野前，就有传言说他在天津购置了一处商铺和一处别墅，只不过没用他自己的名字，用了他们家亲戚段芝贵的名字而已。

末代皇帝的房租

溥仪是清朝最后一个皇帝，也是在位时间最短的皇帝——他在宝座上只坐了三年，大清就完蛋了。大清虽然完蛋了，但按照民国政府的“优待条件”，溥仪仍然可以在紫禁城里居住，仍然可以使用太监和宫女，仍然过着非常奢侈的生活。皇宫的大殿、京郊的“皇庄”、辽宁的矿山、黑龙江的森林，仍然属于他的私人不动产。在紫禁城里，他说的话仍然是“圣旨”，那些“上书房行走”、“内务府大臣”仍然穿着马褂留着辫子向他三跪九叩首。民国给溥仪保留了一个小朝廷、一个国中之国、一个还没被民主大潮淹没的帝制岛屿。

在那个岛屿上，溥仪稀里糊涂住了十几年，直到有一天，“务要把帝制铲除干净”的基督将军冯玉祥派兵包围了紫禁城，让他和他的眷属搬出紫禁城。溥仪打电话求救，电话线被掐了。几个老太妃赖着不走，人家在万岁山上架起了大炮，贵人们本来还想当一回“浴血钉子户”来着，一看这阵仗，乖乖地搬出去了。

搬出去以后，溥仪先在一座王府里暂住，随后又在日本人的保护下逃到天津，躲进日本设在天津的公使馆。公使馆太挤，溥仪又出去租房，在一个前清

◉冯玉祥

◉溥仪夫妇

军官的邀请下，住进了张园。那个军官叫张彪，张园是他在天津的别墅，位于日租界。

溥仪在张园当了6年房客。张家刚开始不收他的房租，后来张彪去世，张彪的儿子认为清朝早亡了，溥仪只能算是一个普通的房客，没必要向他尽忠，于是按行情收租，每月200块大洋。那时候银元在天津很值钱，不逢灾年的话，一块大洋能买40斤米。一个成年人每天早上吃烧饼油条，一个月下来也吃不了两块大洋。像骆驼祥子那样的人力车夫满街拉活儿，刨去交给车行的份儿钱和被交警罚去的违章款，每月收入最高不可能超过10块大洋。从购买力上看，那时候一块大洋在天津相当于现在人民币100块钱左右，200块大洋就是两万块钱，如果从收入角度分析，200块大洋至少相当于现在10万元。两万块钱也好，10万块钱也罢，溥仪要交的房租都是一个惊人数字，放在居住成本如此昂贵的今天，也没有几个人会去租几万块钱一个月的住宅，对不对？

不过溥仪花高价租房还是有原因的。

第一，他非常有钱，从宫里出来时携带了几十箱财物，包括金银珠宝、名人字画、宋版图书和清朝皇帝的传国玉玺，随便拿出一件来变卖，都够小户人家吃一辈子（后来满洲亲贵闹复辟，溥仪是最主要的资助人，他一个人的钱养活了好几支兵马）。他在东北还有大批不动产没有被没收，东北王张作霖时不时会帮他卖一些地皮，再把钱给他汇过去。

第二，他所租住的张园面积很大，光花园就占地20亩。

第三，张园位于日租界，租界里的居住舒适度要比华界强得多。咱们中国人的城市管理太落后，除了上海，民国前期所有的大城市都缺乏公共照明系统，晚上出门得秉承孔夫子教导的“夜行以烛”，挑着灯笼或者举着蜡烛走路，不然会一头撞到电线杆子上；另外还有卫生问题，华界垃圾遍地，蚊蝇成群。这些问题在租界里都是不会有的，因为租界晚上每条街上都会亮起瓦斯灯和电灯，苍蝇则很难碰到。

最后一条，也是最重要的一条：租界的居民都享受治外法权。无论是南方的革命党人，还是北方的大小军阀，都不敢进去跟溥仪捣蛋，溥仪在那里比在紫禁城都安全。

民国是个混乱的时代，军阀割据，战争不断，城市遭轰炸，乡下抓壮丁，大江南北都没有安生日子，唯一有安全保证的地方，就剩下几个租界——它们靠着洋人的势力成了和平的孤岛。本文开头说紫禁城是一座岛屿，其实真正的岛屿是租界，跟租界的安全系数相比，溥仪的皇宫脆弱无比，经不住大炮一轰。

◉日军挟持溥仪离开天津（《日军侵略中国史画》第45页，上海文华美术图书公司1933年版）

◉直奉战争时的大轰炸（《江浙直丰血战画宝大全》贞集第17页，上海战事写真馆1924年版）

从合租到结婚

1924年，巴金在南京上学，没有住校，在外面租一小单间，就跟现在很多大学生在校外租房一样。后来他写了一篇《繁星》，提到这段经历：

> 三年前在南京，我住的地方有一道后门，每晚我打开后门，便看见一个静寂的夜。下面是一片菜园，上面是星群密布的蓝天。……那时候我正在读一些关于天文学的书，也认得一些星星，好像它们就是我的朋友，它们常常在和我谈话一样。

这样的夜晚我也经历过。十年前我在大学念书，嫌学校宿舍太吵，在城乡接合部租了一间小平房，白天在学校上课，傍晚去单位干活儿，深夜就回那间小平房看书。那间小房子没有后门，但是有后窗，打开窗户就是稻田。在晴朗的夏夜，躺在床上就能瞧见星空，耳边蛙鸣如潮涨，各种带翅膀的小昆虫成群结队往窗户上撞，撞得玻璃啪啪作响……

那时候我一个人租住，很静谧，每天都能享受这样静谧的夜晚。1924年巴金在南京租房的时候，也没有谈朋友，也是一个人租着，也是每天都能享受这样静谧的夜晚。鉴于我们有着共同的经历，所以我觉得我对巴金很熟悉，我读他的文字就像读自己的文字一样。

我很幸运，租房的时候城市扩张还没有那么厉害，城乡接合部还没有被拆迁队赶得无处存身，在市中心上班或者上学的人还能花很少的钱去不远的城郊租一间能看见田野的房子。不像现在的大学生，无论在哪儿租房，都不接地气。

巴金也很幸运，他租房的时候，南京还没有成为首都，南京城的房价和房租还没有涨那么厉害，单身房客还能找到住处。不像后来的单身房客，无论在哪儿租房，都得跟人合租。

你知道，1927年国民政府迁入南京后，大批机关、学校、公司、报社和成千上万的有钱人也跟着迁入南京，南京的房子供不应求了，房东成了大爷。在房东眼里，单身男房客都可能犯偷盗，单身女房客都可能做私娼，所以他们只把房子租给有家有口的人。广大单身男女傻了，就因为没结婚，就租不到房子，怎么办？只能拼租，男的找女的拼租，女的找男的拼租，互相不认识的单身男女冒称小两口儿，才能把房子租到手。所以你去翻翻南京的老报纸，在报缝的小广告里常能看到单身房客求异性合租的消息。

据说感情都是培养出来的，那些单身男女住在一起，时间长了，未必不会假戏真唱，本来冒充夫妻，结果真成了夫妻，相信是一件很有趣的事情。

学而优则房东

1938年前后，在日本轰炸机的威胁之下，沿海省份的大批难民不断涌进昆明，南迁中的清华大学、北京大学和南开大学也从长沙西迁于此，组成西南联合大学，简称“西南联大”。西南联大的学生、教师和教师家属，散居在昆明市区和附近乡村，给昆明的租房市场造成了空前压力。人多房少，供求失衡，房租迅速上涨。

1941年，西南联大的教师在校外租房，每人平均需要半平方丈，折合5平方米，每平方米租金是4.67元（法币，下同）。一间普通民宅的建筑面积约15平方米左右，那么一间房月租也就是70元，跟抗战前每间房月租只需要5元到10元相比，昆明房租上涨了10倍左右。

1942年，西南联大教师宿舍被炸，学校让大家暂时出去租房，每人每月发

◉因物价飞涨而卖书救急的教授（《中国版画集》第27页，上海晨光出版公司1948年版）

给租房补贴100元。这笔费用是向当局申请的，当局按1941年的房租水平给予补贴，以为每人每月100元肯定够租房了，岂知这时候昆明房租一年数涨，100元在昆明城区连最便宜的房子都租不到。沈从文给三弟沈荃写信说：“学校每人贴房租100元，事实上每人200元亦办不妥。”他说的是实情。

到了1943年1月，沈从文再给三弟写信谈昆明房租：“城中住处不易得到，一般租房子必300元一间，3间房子即近1000元矣。”可见房租一直在涨。

由于市区房租太高，居之不易，再加上敌机常来轰炸，市区反不如郊区安全，所以云南大学和西南联大的教授们大多选择在郊区租房。但就是租住这样偏僻的远郊农家，也要花费不菲的房租。1940年，沈从文写信给妻妹张充和，说自己住学校宿舍，家人在郊区租房3间，“月付房东老娘子15元”，说明刚开始郊区房租还很低。但到1942年，沈从文再给大哥沈云麓写信时，还是租住同样的房子，“房东老娘子”已经把租金上调到每月300元了。才两年时间，房租上涨了19倍。

又如冰心的爱人吴文藻在昆明城区教书，租房的地点却在几十里外的斗南村。

那时候，昆明城里最受人羡慕的职业不是官员，而是房东。沈从文写过一篇文章，说他在昆明教书时，有个邻居给儿子制订的成长计划是：念大学，留洋，发财，买一栋房子，高价租给前来避难的外地人……古代读书人的理想是“学而优则仕”，到了抗战时的昆明，人们的理想已经变成“学而优则房东”了。

他们房东有力量

我住的这个小城正在严打，公安局在大街小巷贴出告示，要求出租房屋的业主提高警惕，发现有外地口音、行踪诡秘、作息跟正常人不一样的房客来租房，一定要及时向片警举报，不然当房客犯案的时候，房东也得跟着受罚。

这一招儿叫作“连坐”，在咱们中国由来已久。

据我所知，在明代北京，负责治安的五城兵马指挥司要求房东们自觉举报三类房客：无路引者、异言者、异服者。也就是说，发现没有介绍信的房客、操外地口音的房客以及穿衣戴帽比较另类、打耳钉穿鼻环的房客，一定要及时向五城兵马指挥使司举报。如果你不举报，那么当他们被关起来的时候，也要把你关起来。

到了民国，南京当局出台条例：

> 凡租户在所居之屋有犯劫盗或赌博私娼，该犯罚款未得缴，则向业主追讨，若业主不缴，则可将业主之业封禁。

意思就是说，如果房客偷盗、赌博或者卖淫嫖娼，被公安系统发现并处以罚款，而房客交不出罚款的时候，房东有义务把罚款拿出来；如果房东拒绝交罚款，公安系统可以查封他的房子，直到把罚款缴清为止。

不管是现在公安局的要求，还是明代五城兵马指挥使和民国南京当局的规定，在骨子里都是两个字：偷懒。本来应该由警察负起的治安责任，结果转移给了身为纳税人的房东身上，房东们既要缴税养着警察（民国各大城市多有“警捐”一项税收，由房东缴纳，归警方使用），又要替警察干活儿，真是非常不合理。

警方倒认为很合理。第一，他们警力有限，让房东们帮忙监督房客也是警民合作的一种方式；第二，有了连坐之类的规定，房东就不敢把房子租给明知是暗娼或赌徒的房客了。问题是，人家房客未必就把“犯罪”两个字儿写在脸上，你们警察眼皮底下还经常漏掉坏分子，凭什么要求没有受过专业训练的房东不漏掉任何一个坏分子，一旦漏掉就要连坐呢？也许在警方眼里，房东比警方更加有力量吧。

新中国成立后，有一首歌叫作《咱们工人有力量》，在明朝和民国想必也有一首歌，叫作《他们房东有力量》，歌曰：

> 嘿！他们房东有力量！
>
> 每天每日举报忙，嘿，每天每日举报忙！
>
> 迎来了无证房客，送进了监牢班房，改造得治安变呀变了样！嘿！

村里的房客

在谈正题之前，请允许我夸一下民国的大学生——他们做课题做得太扎实了。1923年，燕京大学的几个学生为了完成一个课题，去北京西郊挂甲屯村做调查，引起农民误会，以为他们是要帮着军阀抽税。为了消除误会，引起村民的好感，这几个学生做足了前期工作：请村民吃饭，把他们邀请到燕京大学参观，拉来医学系的同学给村里的小孩种牛痘，免费给村民看病，做当地国民小学的义务教员，每到周末就去教算术和英语，另外还在村里办了个夜校，教不识字的村民认识粮契税券和租田合同……半个月下来，他们跟村民们成了无话不谈的好朋友，再问起庄稼的收成、家里的人口、吃穿用度看病花销等等零细账来，就很容易得到详尽而且真实的回答了。这些令人敬佩的活计要是让现在的大学生干，恐怕门儿都没有。

话说这几个大学生做完调查，发现村里有两个现象是他们以前没有料到的：一是村民们并不像书上写的那样四世同堂聚族而居，也并不像传说中的那样越穷越生，全村100户农民，平均每户只有4个人，一对夫妇只生一两个孩子的家庭比比皆是；二是村民们并非统统居者有其屋，他们当中的一大部分家庭，既租种着土地，也租住着房子。具体的数据是，100户当中拥有私房的只有24家，却有71家租房，还有5家是长期借住族人的房子。换句话说，住房自有率24%，还没有现在城市中心区的住房自有率高。

农村小家庭居多，其实是古代中国和近代中国的普遍现象。1922年华洋义赈总会调查河北、山东、江苏、浙江四个省的农民家庭，每户也是四五口人居多。咱们还可以看看梁方仲教授的力作《中国历代户口、田地、田赋统计》，从西汉到清末，历代农户的一般规模无非五六口人，竟然跟现在搞了多年计划生育的社会主义新农村差不多。所以光凭儒家经典来想象传统家庭是很不靠谱

◉宁静的村庄（民国木刻，作者佚名）

的，你不调查，不统计，不考证，不分析，一定会掉到沟里去。

事实上，就连一些村民租赁其他村民的房子这个现象，也是古代中国和近代中国常有的。为什么呢？因为那时候土地私有，可以买卖，有买卖就会有兼并，有兼并就会造成一部分人没有住房，他们没有住房，当然就得去当其他村民的房客。

族里的公房

我对广州地理不熟，不知道现在还有没有一个名叫上元岗的村庄（估计早就不是村庄了）。大约民国二十年（1931年）左右，某作家去这个村庄采风，注意到一个现象：全村91户农民，有28户租房住，而且租的几乎全是公房。

这个“公房”跟现在的公房可不一样，它不是政府的房子，而是宗族的房子。你知道，华南人的宗族观念要比我们胡化严重的中原人强烈得多，一个宗族几百人几千人甚至几万人聚居一处都是可能的。同一个宗族当中，虽然每个家庭都单独立户，这家的财产跟那家的财产分得很清，但总有一些财产是共有的，像祠堂，像族田（太公田），像宗学，都是一族人共有的财产。刚才说的公房，就是指一族人共有的房子。

既然是族人共有的，就得让它给全族人带来收益，所以这公房不能空着，得租出去。租给谁呢？主要还是本族的村民。鉴于过去的土地私有化导致土地兼并，总会有人在兼并中丢掉田地和房子，然后不得不租赁别人的田地和房子，于是，一些没地的村民就成了族田的佃户，还有一些没房的村民也就成了公房的房客。事实上，他们等于做了全族人的佃户和房客。

很多时候，公房比较少，而没房的族人比较多，在这种情况下把房租给谁呢？答案是，谁出的钱多就租给谁。上元岗村就是一个例子，族里的族田出租搞招标，公房出租也搞招标，每隔几年搞一次，谁能保证上缴最多的租金，谁就能租到族田或者公房。要是你报出的租金很高，而后来给不到那么高的租金，族长就会把你“退佃”，也就是取消你的租赁资格，然后再搞一回招标，让说话算话的租赁者承赁。

由于竞争激烈，想租到房子和耕地的人都会在招标时报一个高水准的租金，闹到后来，租赁本族的产业跟租赁外姓的产业所受到的剥削差不多一样重，并没有多少优惠可言。这样做有利也有弊，好处是能让族产获得最大的经济效益，坏处是冷冰冰的没有一点人情味儿，违背了用族产帮助族人的初衷。

有房率

读宋人笔记，瞧见这么一句话："郑屯田建中，徙家安陆，赀镪巨万，城中居人多舍客也。"意思是说，宋朝有个屯田员外郎，名叫郑建中，家里非常有钱，在湖北安陆置了大片产业，城里大部分居民都是他的房客。

宋朝贫富悬殊，不抑兼并，农村耕地集中到少数地主手里，城市住宅集中到少数业主手里，所以在农村，一些农民不得不租地耕种，在城市，一些市民不得不租房居住。像湖北安陆就是个典型例证：城里大多数市民租房住，而且租的都是同一个业主（郑建中）的房子。

民国也有这种现象。1934年，重庆市区搞人口普查，核心区常住人口30万，其中20多万人在租房，这20多万房客当中又有将近10万人租的是法国教会真元堂的产业。那时候的真元堂，总部设在现在渝中区五四路一带，重庆市区大约三分之一的房地产都登记在这家教会名下，堪与宋朝安陆的郑建中媲美。

现在有个指标叫"自有住房率"，简称"自住率"，又叫"有房率"，意思是一个城市里有房的人口占总人口的比例有多大。在住房保障保持不变的前提下，这个比例越大，说明居住问题解决得越好。我估摸着，宋朝安陆的有房率应该不会超过10%，民国重庆的有房率应该不会超过30%。

我手头还有更具体的调查结果。1937年，成都市区，总府街住了143户，只有14户有房；春熙路北段住了104户，只有3户有房；泡桐树街住了56户，其中20户有房；娘娘庙街住了69户，其中22户有房；同兴街住了192户，其中44户有房。这几条街，总共564户居民，有房的只有103户，有房率是多少？18%而已。

抗战前，南京是首都，房价比成都高得多，买得起房的更少。1936年，学者陈岳麟调查南京房地产市场，老城区最普遍的情况是，"主户一家，往往有附户十余家，不特是厢房可以分租，厨房也可以改作卧房"。可见超过90%的

◎成都茶馆（《刃锋木刻集》第11页，开明书店1947年版）

家庭在租房。换句话说，有房率低于10%。

最吓人的是广州。早在1928年，广州市土地局统计显示："全市80多万人，有业权者仅两万人。"（《新广州》1931年第1卷第2期第13页《如何解决广州市之住宅问题》）假如这个统计没有水分的话，那时候广州市的有房率只有2.5%！

嫖妓和租房

在本书《村里的房客》一篇里，我夸奖民国大学生，说他们做课题扎实，能深入基层。但人分三六九等，并不是所有的民国大学生都值得夸奖，那时候能上大学的，家境一般不错，女生带老妈子上课，男生让门房跑腿，是高校尤其南方高校的普遍现象。这些少爷小姐毕了业，家长还得帮他们找工作，替他们交房租，买菜做饭洗衣擦地之类杂活儿他们不愿伸手，让佣人做，而佣人也是他们父母给请的，总之不能自立、混吃等死的男女大学生并不鲜见。

有些哥们儿在大学里不专心听课，专心逛窑子，同学过生日，去妓院摆花酒，自己过生日，也去妓院摆花酒，甚至敢在宿舍里胡闹——给门房几毛钱当小费，让他拿着自己的名片去叫局……我说的这些可都是真事儿，当年鲁迅先生在中山大学教书的时候，中山大学的男生就有这种习气。当然，这些男生都是非主流。

这些非主流的阔少学生，去妓院还跟人争风吃醋。他们在这个房间胡闹，瞧见对面房间一老头儿拥着一个青春靓丽的姑娘，气不打一处来，向老鸨拍桌子："怎么不把那好的介绍给我？"老鸨说："对不起少爷，人家是包月。""包月？那老家伙一个月出多少钱？我多出30块大洋，你去叫他滚蛋！"老鸨见钱眼开，当即跟老头儿毁约，于是那姑娘就"转包"到这名大学生名下了。

民国娼妓业有个术语，叫作"挖费"。譬如老鸨跟人毁约，得给人一笔违约金，所以那个大学生必须多掏钱，既要弥补老鸨的损失，还得让她赚得更多，多掏的这笔钱，就叫"挖费"。

变态的是，民国房地产界也有"挖费"。比方说，张三把房租给李四，商定每月租金10块大洋，租期一年。这边还没到期呢，王二麻子来了，一瞧房子不错，也想租，找到张三，每月愿出15块大洋，另给张三10块大洋的"挖费”。张三喜出望外，立即退租，给李四几块钱搬家费，撵他走人，让王二麻子搬进来。

在民国各大城市，什么时候房屋短缺，什么时候“挖费”盛行，越是宜居的房子，越是被房东和二房东像老鸨转包姑娘一样转来转去，同时房租越来越高。

石库门的著名房客

我住过陕北窑洞，也住过上海石库门，两种老式民宅一北一南，一土一洋，要说有什么共同点，那就是入口的造型。好一点儿的窑洞，入口用石头发券，弄出个深色的拱形来，好像在头顶上造了座桥；石库门也如是，两扇厚重的木门上面也发券，或用石材，或用青砖，也弄出一个深色的拱形，给人一种非常结实的感觉。还有，窑洞的入口很窄，石库门的大门也很窄，只要不是上世纪30年代以后改造的新式石库门，都没办法把车开进去。鉴于窑洞和石库门有这些相似，所以我见了陕北成排的窑洞，会想起十里洋场的里弄；见了里弄里的石库门，也会想起陕北成排的窑洞。我估计这个联想不是人人都有，也不是人人都认同。

但我猜作家丁玲会有这个联想，毛泽东同志或许也会有，因为他们都是既住过石库门，又住过窑洞的。丁玲在1928年偕同男友胡也频去上海，在今天的淡水路一带租房，租的是石库门。毛泽东早一些，1920年去上海，在静安寺东边的哈同路民厚南里，也就是现在的安义路和铜仁路一带租房，租的也是石库门。若干年后，他们先后去了延安，洋场生活变成红色岁月。

从光绪年间一直到解放以前，石库门应该是上海最典型也最普遍的住宅，因为晚清和民国的大型房地产公司，像老沙逊地产、新沙逊地产、裕盛地产、怡和洋行、仁记洋行、兆丰洋行、公平洋行、太平洋行、泰来洋行、孟吉礼洋行、和记洋行、树德公司、永安公司……这些房产公司在上海开发的项目当中，只有一小撮是公寓，绝大部分是石库门。假如现在的卫星能够给旧上海拍张照片，照片上肯定遍布一排排的里弄，里弄两边都是一排排的石库门。

如果照片的分辨率足够高，我们还能看到从石库门住宅的后门进进出出的那些著名房客：在东照里租房的革命家瞿秋白，在德华里租房的女作家苏青，在大陆新村租房的男作家鲁迅，以及在当时最大的石库门社区民厚南里租房的郭沫若、梁实秋、叶灵凤、胡汀鹭……

亭子间画家

旧上海最常见的石库门住宅是这样的：马路两边一排排小胡同（上海人叫“里弄”），胡同两边一座座石库门，推开任何一座石库门的大门，都能看见一个小天井，天井后面盖着两层小楼，楼下是客厅，楼上是卧室，卧室上面还有半层阁楼。从客厅去卧室，或者从卧室去阁楼，都要走楼梯，楼梯建在客厅后面，楼梯后面再搭建一个小厨房（上海人叫“灶披间”），厨房上面再搭建一个小卧房（上海人叫“亭子间”），卧房上面是露天的平台（上海人叫“晒台”）。

像这么一座石库门，如果位处闹市，在抗战前出租，每月房租至少80块大

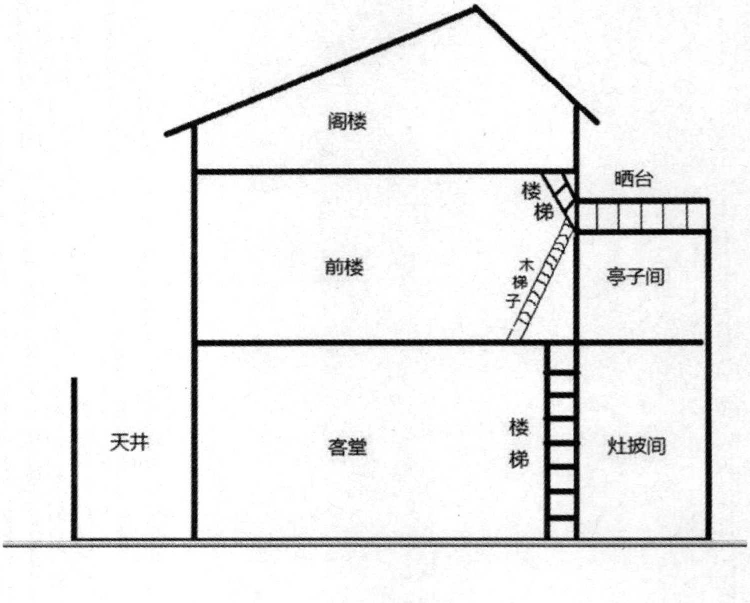

◉石库门剖面图

洋，按当时物价折成人民币大约是六七千元。那时候人们收入低，很少有人租得起，所以要分租，一楼客厅归房东或者二房东住，二楼卧室租给一家房客，卧室上面的阁楼租给一家房客，厨房上面的亭子间再租给一家房客。这4户人家，共用一个厕所、一个厨房。甚至不盖厕所，大家都用铅皮桶解决问题，主妇每天早上把满满当当的铅皮桶提出来，放到门口，等着收垃圾的倒掉。

有些房东或者二房东追求利益最大化，把客厅隔开，前半间自己住，后半间租出去。连厨房也租出去，让房客们在天井里做饭，或者去晒台上做饭。二楼的卧室也隔开，租给两家房客。天井里如果还有空地，再搭建几个小棚子租出去。这样一座石库门就拥有了10家以上的房客。

抗战期间，名震江南的画家胡汀鹭到上海避难，为了省钱，在哈同路慈厚里（原来叫民厚里，上文说过，毛泽东、郭沫若等人都曾在此租房）跟十几家房客分租一座石库门。他老人家租的是亭子间，那个亭子间只有六七平方米，放得下书桌，放不下大床，胡汀鹭干脆不要床，把一大堆旧书铺在地板上，晚上就在书上睡觉。当然更没有衣柜，书堆旁边有字纸篓，他换下来的衣服就团巴团巴塞到字纸篓里。

我见过胡汀鹭的一幅花鸟画，上有胡的题诗："身世同悲绕数鹊，生涯应叹转丸虫。非关疏懒居人后，不惮箪瓢付屡空。"意思是小鸟和小虫子都有宽敞的住处，我却只能在这里蜗居。

亭子间作家

郭沫若写过一篇文章，题目叫《亭子间中》，说一个从日本留学回来的作家——其实就是他本人——带着老婆孩子在上海租房，租的是亭子间，那亭子间非常狭小，“若用数量表示时，不过有两立方米的光景”。

两立方米的亭子间，似乎太小了些。您知道，宽两米，长一米，层高一米，就是两立方米了，这么点儿地方，站起来碰头，躺下去碰腿，住一个人都够呛，怎么能住一家几口呢？再说老式石库门的亭子间虽小，还不至于这么小，七八平方米的可使用面积还是有的。所以我觉得郭沫若是在夸张，就像当年李清照的爸爸李格非描写自己在首都开封新买的小房子时，说连院子算上都不到一平方丈一样（“环堵不盈丈”）。作家嘛，就是这么爱夸张，他们提供的数据往往只有文学价值，没有史学价值。

闲言少叙，且说郭沫若笔下的那个海归作家租住在亭子间，跟石库门里的其他租户共用一个厨房和厨房前面的一个水龙头，每天三姑六婆家长里短，锅碗瓢盆叮当作响，吵得他脑仁疼。他还得写作，刚一动笔，孩子就哭，脑子里乱打架，写什么呢？写什么呢？抓耳挠腮坐立不安，绕室疾走进退两难。

老上海的亭子间是很吵，不说带着老婆孩子挤在一起，就是独自一人租住，也未必安静得了，因为弄堂里往往摆着麻将桌，还有小贩穿街过巷叫卖各种小食品小饰品。

坐在家里听听外面的叫卖声，本来是令人神往的事情，“深巷一条春寂寂，卖花声过不开门”，多有诗意啊！可那是北平，北平宽宅大院，叫卖声悠扬而遥远，只有诗意，没有吵闹。上海就不同了，弄堂那么窄，天井那么小，大门离内室那么近，叫卖声和麻将声是很能打断作家房客们的思路的。鲁迅对此深有体会，他在闸北租亭子间时说：“对于靠笔墨为生的人们，却有一

◉弄堂里的卖艺人（《中国版画集》第52页，上海晨光出版公司1948年版）

点害处，假使你还没有练到心如古井，就可以被闹得整天整夜写不出什么东西来。”所以他后来搬到公寓里住去了。

那时候，有经济条件的作家一般都不在亭子间住，像徐志摩，租的是花园洋房，张爱玲租的则是公寓。各位张迷，我说的没错吧？

在蜗居里禅修

梁实秋老师也租过亭子间，他老人家用一篇《亭子间生涯》来诉苦：

> 厨房里杀鸡，无论躲在哪一个角落，都听得见鸡叫。厨房里烹鱼，可以嗅见鱼腥。厨房里生火，可以看见一缕缕青烟从地板缝里冉冉上升……

这段话很形象，很有生活——亭子间可不就盖在厨房上面吗？旧社会承包商盖房跟现在一样流行偷工减料，要是再加上年久失修，脚底下的楼板裂开大缝，其他房客在厨房做饭的时候，腥膻之气蹿进来，缕缕青烟冒上来，那是肯

◉室内（《黑影画》第三册第1页，上海中西书局1934年版）

定的。

上海的房价和房租在民国时期居全国首位，超出故都北平10倍不止，故此寸土寸金，能利用的地皮一点儿都不浪费，业主们不光在厨房上面接盖亭子间，搞得亭子间房客天天“享受”油烟，还把楼间距缩到极致。在某些低档社区，这家的亭子间跟那家的亭子间相距不过一两米，伸手就能摸到。假如这两家的亭子间分别租住着一男一女，俩人开窗的刹那一见钟情，不用下楼就能亲热：各自把头探出去，可以激吻。

楼间距这么窄，自然影响亭子间的采光和通风，再加上吵闹，还那么狭窄，所以亭子间绝对不是写作的好环境。上文提到鲁迅的话：靠笔墨为生的人要是还没练到心如古井，在亭子间里会被“闹得整天整夜写不出什么东西来”。问题是能不能练到心如古井呢？

答案是能。一是学博尔赫斯小说《阿莱夫》里的情节，专心凝视一个很小很小的空间，很快你会看到黎明、黄昏、海洋、沙漠、雪花、烟草和大串大串的葡萄，你身处蜗居，神游大地，会有一种很爽的感觉，爽完了，心就定了。二是照着《观无量寿经》打坐，不管外面多么吵，屋子里的味道多么难闻，你只管观想四面都是大水，或者都是冰川，或者想象自己慢慢烂掉，从后脑勺烂到小命根儿，直到整个躯体在虚空中灰飞烟灭，这样也能做到心如古井，至少冥想的那一会儿可以心如古井。

这两种方法都是禅修的入门手段。据说现在有钱人流行禅修，他们把心弄得很脏，再花很多钱让“法师”去洗，差不多成了一种时尚。其实用不着花钱，正在打拼的年轻人也可以试试，在你们买到房之前，没事儿打打坐，冥想两个钟头，可以让蜗居生活少一些嘈杂，多一点儿灵光。

房客联合会

现在流行买房，不管哪个城市，不管房价多高，但凡常住居民，都要买上至少一套房，哪怕为它砸锅卖铁、呕心沥血，哪怕因此搭上十几年甚至几十年的血汗，都在所不惜。

而民国流行租房，广州也好，上海也好，南京也好，汉口也好，重庆也好，成都也好，包括抗战初期偏安西南的昆明，都很少见到市民买房，除非特别特别有钱的人，以及在一个城市住的时间特别长、早在晚清或民国初年就置了业、称得上是土著的人，能拥有一个或者几个属于自己的窝，绝大多数人都是在租房住。这跟社会风气有关，那时候的丈母娘还没有"买房才能结婚"之类的普遍要求，大家追求的是有房住，而不是有房子。

民国多数市民租房住，也就意味着多数市民要受房东的制约，如果房东想抬高房租，想多收押金，想随意换房客，想在租约还没到期的时候赶人搬家，那么大家的生活就会受影响，居住就会变得不那么有诗意了。为了跟蛮横的房东相抗衡，在一些能够引领风气之先的城市，房客们纷纷成立了"房客联合会"，就像现在小区的业主为了管好物业公司，纷纷成立了"业主委员会"那样。

现在的业主委员会是以小区为单位，一个小区成立一个；民国的房客联合会是以社区为单位，一个弄堂或者一幢公寓成立一个。像郭沫若、梁实秋、叶灵凤、毛泽东等人当年在上海租住过的那个社区，就成立过"慈厚里房客联合会"（民厚里后改名慈厚里）。遗憾的是这个组织在抗战后才成立，那时候郭、毛、梁、叶已经离开，不然他们肯定会成为房客联合会的骨干。

上海还有一个叫作"宜乐里"的社区，早在1924年就成立了"宜乐里房客联合会"。这个社区的房子归一个大房东所有，超过2000家房客在这儿租房，后来房东要翻建房屋，仗着有洋人撑腰，租期没到就撵房客，却又不退房租，不给搬家费和违约费。房客们当然不答应，以房客联合会的名义向审判厅提起诉讼。由此可见，民国的房客也会用法律做武器，维权意识不亚于现在的业主。

别拿房客不当会员

上文说过，民国的房客联合会就像现在的业主委员会一样，一般以社区为单位。但也有例外，旧上海曾经出现过“沪北五区房客联合会”、“沪西北房客联合会”、“沪上房客联合会”，一听名字您就知道，它们超越了社区单位。还有解放前夕的宁波，在1948年9月12日，来自不同社区不同村镇的租户成立了“鄞县房客联合会”，全城房客包括农村的房客都可以报名参加。

鄞县现在叫鄞州区，经济发达，外来人口多，相对当地收入来说，房租不能算高。而解放前那儿的房租可高得吓人，工薪阶层租不起房或者租不到房的大有人在。至于原因，主要是因为遭过日军轰炸，毁了一批房子，战后安置又极不公平，有权有势有关系的可以狡兔三窟，没权没势没关系的只能望房兴叹。鉴于此，全城房客共同成立一个大型的房客联合会，以便向政府施压，希望政府能让那些狡兔三窟的家庭匀出多余的房子来，放到市场上去，可以增加供给、平抑房租。

就这么一个并不过分的要求，一直到国民党逃到台湾，当地政府都没有满足他们。1948年9月13日，也就是鄞县房客联合会成立的第二天，房客代表“建议县府切实调查城区余屋，以解决房荒”，没人理；1948年9月25日，房客代表又“呈请县府贯彻调查余屋案”，还是没人理；1948年11月20日，房客代表再次到政府请愿调查余屋，无果；1948年11月28日，房客联合会在《宁波日报》上登了一封致政府的公开信，说“迄今吾人尚未闻何处有余屋公告”，“穷苦薪水阶级早已是望眼欲穿”。我估计县政府的领导们根本没看这封信，就是看了也不会放在心上：一个房客联合会而已，没职没权没地位，无非是个摆设，懒得理你！

不能怪领导，房客们自己就拿房客联合会当摆设。容我举出民国都市小说

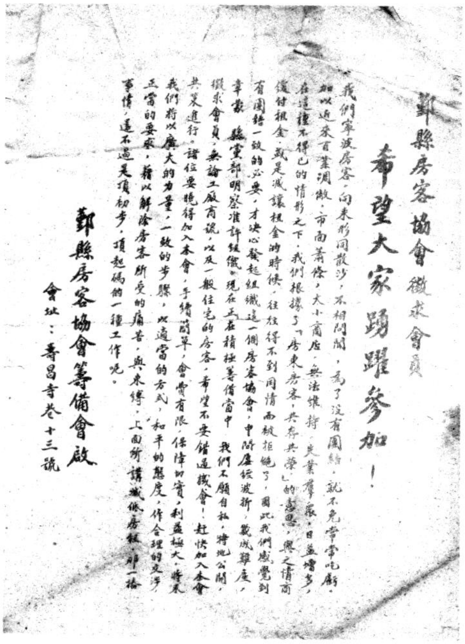

鄞縣房客協會徵求會員

希望大家踴躍參加！

我們寧波房客，向來形同散沙，不相聞問，為了沒有團結，就不免常常吃虧。加以近來百業凋敝，市面蕭條，大小商店，無法維持，失業群衆，日益增多，在這種不得已的情形之下，我們根據了「房東房客，共存共榮」的意思，與之情商緩付租金，就是減讓租金的時候，往往得不到同情而被拒絕了，因此我們感覺到有團結一致的必要，才決心發起組織這一個房客協會，中間雖經波折，幾成難產，幸蒙 縣黨部明察准許組織，現在正在積極籌備當中 我們不願自私，特地公開，徵求會員，無論工廠商號，以及一般住宅的房客，希望不要錯過機會！趕快加入本會共策進行。諸位要曉得加入本會，手續簡單，會費有限，保障切實，利益極大，將來我們將以廣大的力量，一致的步驟，以適當的方式，和平的態度，作合理的交涉，正當的要求，藉以解除房客所受的痛苦，與束縛，上面所講減低房租，那一樁事情，還不過是頂初步，頂起碼的一種工作呢。

鄞縣房客協會籌備會啟

會址：壽昌寺巷十三號

◉鄞县房客协会征求会员公告（宁波市民余忠伟先生提供）

《人海潮》的一个场景：在上海租房的两个年轻人会面，一个问另一个近况，回答说："我是会员。""什么会员呢？""便是房客联合会的会员。"说完俩人"笑作一团"，那是自嘲的笑。

和尚做房东

乱世期间，政客忙着夺枪杆，顾不上控制人民的大脑，所以百家争鸣，易出人才，尤其易出通才。电学家王季同就是个通才，他早年在同文馆学外语，后来去欧洲留学，回国后做工程师，发明分解电网络新法，闻名国际。王先生还是数学家和翻译家，对佛学也深有研究，精读内典，专于禅修。抗战前，他在云南昆明碧鸡山云栖寺挂单打禅七，有着很深的禅定功夫。我常对不学佛的朋友说：禅定能让人把工作做得更好，一个狙击手学会打坐，可以更有效地杀人；一个作家学会打坐，可以更有效地臭编。我拿出的证据就是王季同——他的一些发明就是在禅定中突然想到的。他自己说，这种境界“恰与牛顿见苹果落地时心情丝毫无异”。他还运用因明学找出了国际贸易里的漏洞，给民国初年的贸易逆差制定了解决办法。

虽然王季同从佛法中受益匪浅，但他对和尚并没有多少好话。他说，那些所谓的名刹高僧，信徒众多，有军阀做护法，有富商做供养，买房买地，富得流油，既当房东，又当地主，还放高利贷，白手起家，无本万利，却不见他们拿出来救济穷人。“若夫沿门托钵者，仍有嗟生之叹，此曹挂单，每为知客白眼，而富贵登门，则趋承恐后，俗谓最势利者莫若僧侣，自有由也。”话偏激了些，可绝非空穴来风。

我常在寺庙住宿，偶尔也会见到和尚的功利嘴脸：执事僧拿着功德簿等你签字，多写香钱就高兴，少写就吊脸子，碰上巨富来访，他们甚至会“清场”，把没有油水的普通香客请出山门，好让有油水的“大檀越”心情舒畅，多留点儿买路钱。

名山大寺除了香火钱，不动产收入也是相当可观。上周我在中原某寺住宿，该寺分成东西两个大院，东院给本寺僧众住，西院租给俗家人，按天收房租，就跟宾馆似的。东院毗邻闹市，山门两边都是旺铺，租给人家开酒店、开药房、开健身房。山门里面是大雄宝殿，大雄宝殿东北角有一间小房，外面挂着“周易预测”的招牌，我很奇怪，进去一瞧，一神汉在等生意上门。听说那儿本来是皈依处，本寺方丈嫌办“皈依证”（50元办一张，立等可取）没生意，每月5000元承包给神汉了。真是生财有道。

民国的公寓

读叔本华传记，发现两件奇事：第一，大名鼎鼎的哲学家叔本华，居然没有自己的房子；第二，他在法兰克福好希望街16号租房的时候，自己不用做饭，房东包办伙食。

现在招租的房子很多，管饭的房东很少。想吃饭，自己做去。懒得做，外面吃去。房东才不负责给你做饭呢！可是在过去，无论在欧美诸国，还是在咱们中国，房东包办伙食都是很常见的事情。

1926年，巴金想考北大，从上海跑到北京，在北河沿“同兴公寓”租住半个月，这半个月的伙食都是房东提供的。一年以后，他去法国留学，在巴黎拉丁区一所公寓里租房，他的一日三餐，还有其他房客的一日三餐，也都是房东提供的。

冰心短篇小说《我的房东》，描写在巴黎租房的情形，房东对初来乍到的房客说：“我们就是这里太静一些，马利亚的手艺不坏，饭食也还可口。哪一天，你要出去用饭，请告诉她一声。”说明那个房东是管饭的。冰心另一个短篇《超人》，描写一个民国小科员在北京租房的情形：“他除了每天在局里办事，和同事们说几句公事上的话；以及房东程姥姥替他端饭的时候，也说几句照例的应酬话，此外就不开口了。”说明房东“程姥姥”也是管饭的。

民国时在北京租房，有“宅门”、“大院”和“公寓”三种选择。“宅门”就是独门独户，一个人或者一户家庭单独租一所房子；“大院”就是跟其他房客拼租，张家租东厢，李家租西厢，王家租北房，赵家租南房，很多户人家共享一处院子和一间厕所；而“公寓”，就是可以管饭的住所。

现在一说“公寓”，一定是楼房，每一层隔出很多间去。民国则不然，民国北京的公寓多数是四合院，房客在里面住，房东也在里面住。房客想吃饭，可以让房东做；想喝水，可以让房东烧；想买东西，可以让房东上街；甚至连洗衣服都可以让房东代劳。也就是说，那时候租公寓，意味着可以享受到全方位服务，就像现在住酒店一样。

当然，这些服务都不是无偿的。丁玲和沈从文成名之前，在北京西城租公寓，房间又窄又小又发霉，月租四块大洋，另外还要掏三块大洋的“伙食费”，这三块大洋就是让房东提供一日三餐的代价。三块大洋并不多，问题是房东为了赚钱，会想方设法压低成本，讲好每顿两菜一汤，最后兑现给房客的，往往都是最便宜的菜和最稀薄的汤，所以有的房客不让房东“包饭”，自己做着吃。后来丁玲在上海租公寓，就是自己做饭的，她“在晒台上燃汽油炉子，从三层楼下用镔铁壶提提水，因为自己煮成的饭较软，自己炒就的菜较合口”（沈从文语）。

民国时租公寓的房客，大多是单身，以学生、白领和自由职业者居多。像一生未婚的张爱玲、离婚以后的苏青、给杂志画插图的叶灵凤，都是公寓的常客。他们之所以喜欢租公寓，就是图一省心：家具都是现成的，拎包就能入住，还不用自己做饭，不用自己洗衣服。另外每所公寓都会配一名茶房和一名老妈子，都是房东雇的，能帮房客打扫卫生、上街送信，有客人来访，茶房会代叫：“张小姐，有人找你！”“叶先生，您的电话！”只要愿意给小费，服务非常周到，就跟自己雇的仆人似的，房客在这样的公寓里住着，会有主人翁的感觉。

第三章　在民国做钉子户

民国法律名实分离，《土地法》强调“照价收买”，实际上付给业主的补偿要比市价低得多。但这种蛮不讲理的做法只适用于无权无势的老百姓，如果被拆迁一方是官僚或者官僚的亲戚，那就得老老实实地“照价收买”，甚至还可能给出比市价更高的补偿。

放火逼迁

民国时代，农村破产，农民工进城谋生，租不起房，只好在城市空闲地带见缝插针地搭建起贫民窟。而在当局眼里，农民工带来了卫生问题和治安隐患，还影响市容。另外农民工搭建窝棚得占用土地，而城市里的土地是寸土寸金的，有限的空闲地块都让他们给占了，政府还怎么卖地生财呢？所以在整个民国时代，北洋时期也好，日伪时期也好，国民政府时期也好，各大城市的官员对窝棚都是一个态度：有条件就拆，没有条件创造条件也要拆。

最典型的事例，是1928年上海市政府拆迁闸北窝棚区。那时候，上海闸北区长安路、裕通路、通济路这三条马路的两侧搭建了上千个窝棚，居住着上千户来自苏北农村的农民。本来在国民革命军北伐之前，那儿还很荒凉，处处是空闲土地和无主荒地，所以当局对农民在那儿搭建窝棚的行为持默认态度，既不鼓励，也不禁止。可是北伐胜利之后，那儿迅速繁华起来，当局就有了开发的计划。1928年2月，上海市政府下发通知，说以上地段的窝棚“妨碍公共卫

◉进城的农民（刃锋《南中国的画像》第1页，启示出版社1948年版）

◉进城以后的棚户生活（刃锋《南中国的画像》第2页，启示出版社1948年版）

生”、“妨碍公共安全”、“妨碍观瞻”、“窝藏盗贼歹徒”，应该拆毁。问题是那些窝棚已经成了农民的家，你让他们搬走，他们以后住哪儿？买房是不可能的，凭他们的收入连租房都困难，你总不能再把他们赶回到正在大面积饿死人的农村老家吧？想开发可以，先盖一批廉租房，把这些农民都安置了好不好？但当局不管这个，官僚们劝迁不成，就来硬的——1928年3月7日深夜，上海市政府派出警察到长安路、裕通路和通济路的窝棚区同时纵火，一夜之间把上千个窝棚烧成白地，侥幸没有烧死的钉子户乖乖地搬迁了。

跟华界当局放火逼迁的“魄力”和“干劲”比起来，租界当局拆迁窝棚就显得很失败。1936年7月，上海公共租界工部局拆迁沪东区一带的窝棚，遭到抵制，遂派出50个持枪探捕去恫吓，不料呼啦一下子冲出2000多个钉子户，男的拿扫帚，女的拿马桶，小孩子拿弹弓，当场就把探捕们缴了械。这边工部局派出更多的探捕上阵，那边钉子户已经把消息捅到了报纸上，于是就有沪西和沪北的农民工派出代表前往沪东助阵，又有宁波同乡会、安徽同乡会等民间组织通电声援，紧接着全上海的窝棚住户成立了“全市棚户联合会”，要求工部局马上停止拆迁窝棚。工部局倒很能顺从民意，取消了拆迁计划，还办了免费的“认字学堂”，教授农民工及其子女最基础的文化知识和卫生常识。

弹性征地

我有两条经验。一、想知道一个小区的房子是不是已经卖完，不要到售楼部问（售楼部的人没有实话），看水就行，要是喷泉不再喷水，人工湖的水面上已经开始咕嘟咕嘟冒绿泡，那儿的房子一准售罄。二、想知道一个城乡接合部是不是即将拆迁，不要看规划图（咱们国家的规划图属于艺术品，只有观赏价值），看房就行，要是新房忽然见缝插针地多起来，而且都盖得乱七八糟，连地基都没有，墙体薄到一拳能打一窟窿，说明村民们收到了拆迁的通知。

原因很简单：开发商卖完了房子，就没必要再继续花钱维护水景，除非业主愿意多出物业费自己维护；而拆迁是按面积补偿的，土地面积动不了，建筑面积却可以随时增加，村民为了多拿补偿，当然要赶在拆迁之前临时加盖些房子。

您千万别说开发商奸诈，也别骂村民贪婪，他们这都是在给自己争取最大利益，而争取最大利益是人的天性。只要做黑心开发商不受制裁，临时加盖房屋也法不责众，预期收益很大，潜在风险又很小，换作是您，也会这么做的。

当然，黑心开发商未必总是得逞，有时候他们会受到业主围攻。村民也未必总是占便宜，碰上“工作能力强”的干部，不但加盖的房子得不到补偿，应得的补偿也会大打折扣。官方雇黑帮暴打钉子户，甚至派防暴警察占领一个村，村民挨完打还得乖乖地搬出家园，这种事情我也亲眼见过。

所以在咱们中国，开发商跟业主在博弈，拆迁户跟官员在博弈，最后谁占便宜，以及能占多大便宜，取决于对方的博弈能力是强是弱，而不是取决于法律和理论上的补偿标准。鉴于这里面的弹性很大，我觉得咱们这儿的房地产开发应该叫作“弹性开发”，房屋拆迁应该叫作“弹性拆迁”，土地征收应该叫作“弹性征地”。

弹性征地由来已久。抗战初期，很多大学和机关迁到昆明，没处安置，请昆明市政府在郊区代为征地。同样的区位，同样的地块，农民要价却天差地远。结果空军总站要的地块按160元（法币，下同）一亩补偿，西南联大要的地块按190元一亩补偿，中国银行要的地块竟然按750元一亩补偿。

我猜他们是这样想的：军队有枪，不好欺负；学校没枪，好欺负；而银行有钱，狠狠榨它一笔！

卧轨还是游行

1932年，铁道部计划在上海建设新客站，在沪西北圈占农民土地5000亩，给的补偿很低，不到市价一半。失地农民派出代表跟铁道部协商，无果；告到法院，法院判决提高补偿标准，铁道部拒绝执行；找媒体诉苦，《申报》当即刊出大幅报道，向全国读者揭露此事，一时舆论哗然，但铁道部不为所动；失地农民没办法了，只好走极端路线：1000多名庄稼汉冲进上海东站集体卧轨！这下好，火车停运，西客站计划搁浅，铁道部终于答应把补偿标准提高到市场水平，失地农民争回了应得的那部分。

然后咱们再回溯到1928年，国民政府从北京迁都到南京，南京城一夜之间吃成胖子，人口暴增，车辆暴增，主干道中山路开始拥堵，亟待拓宽。时任南京市市长的刘纪文受中央委托，亲自主持拓宽改造工程。您知道，凡是拓宽改造，必然涉及拆迁，中山路两边的商铺首当其冲，在临街小巷自搭窝棚长期定居的外来农民工也不得不搬往别处。本来嘛，拓宽工程方便的是所有人，接到拆迁通知的商贩和农民工是应该配合拆迁的，但是孙中山先生早就说过，征地也好，拆迁也好，都得"照价收买"，也就是说，你得按照市场价格给予补偿。这刘市长为了节省开支，按照1926年的市价给予补偿——1926年南京还在军阀控制之下，人口很少，房价地价很低，而1928年比1926年高三四倍不止。商铺老板和农民工们当然不情愿，他们搞起串联，两三万人聚集到南京下关广场，先是静坐示威，然后进城游行，当天报界做成头条，印发号外免费发送。第二天，南京农协会、商民协会、妇女联合会、棚户联合会、安徽同乡会、码头总工会等二十多家社会团体发布公告，宣布罢工罢市。眼看要出大事儿，南京国民政府严厉申斥了刘纪文，重新制定了补偿标准，这场风波才算平息（后来刘纪文并没有兑现承诺，直到1933年，被拆迁方才拿到应得的补偿）。

行文至此，我忽然发现民国官员很没经验，他们野蛮征地和暴力拆迁的时候，居然不懂得管住媒体和社会团体，居然不懂得教育钉子户“要识大体顾大局”，居然不懂得雇佣黑帮杀一儆百，居然不懂得把卧轨者和游行者污蔑为“一小撮居心叵测的反动分子和一部分不明真相的群众”，他们真笨。

坟地里没有自焚

早先没有租界的时候，天津是很冷清的，一进入民国，前清遗老到天津置业，下野军阀去天津避难，很多老外像德国人法国人日本人也蜂拥而至，天津迅速繁荣起来，地价也跟着迅速飙升。从光绪十二年（1886年）到民国十五年（1926年），短短40年间，天津的地价竟然上涨了几百倍！

地价飙升，房价自然也飙升，咱们中国的购房者又总是买涨不买跌，价格越高，房地产越火爆。在民国十五年（1926年）前后，天津城内原有的空地上都盖满了楼房，过去的平房也很快地被拆掉重建。前清遗老和一些实业派人士眼见有利可图，纷纷涉足房地产开发，一时间建筑材料供不应求，自建房的家庭想买砖，必须提前一年预约才能买到。当时有一首竹枝词唱道：

租界街基价倍腾，房金移转即加增。
更多阔佬营三窟，土木工程日日兴。

说的就是民国天津房地产市场的异常繁荣景象。

话说天津城内和近郊的空地开发得差不多了，有些开发商又打起了义地的主意。所谓“义地”，就是具有慈善性质的公共墓地，里面埋葬的都是些无人认领的死尸。

按照常理，你开发义地，得把坟墓挖开，把棺材抬出来，运到远郊去安葬，用现在的话说，这叫“异地安置”。可是为了节省成本和加快进度，开发商直接就把坟头平掉，瞧见哪座棺材出露地面，就抬出来劈开，把死尸烧了，棺材当柴火卖。当时的《民风报》刊登记者评论，有这么几句很有意思的话：

义地变卖，旧棺迁徙，经理其事者伤天害理，将未尽腐烂之尸截开……碎棺卖做柴，住户购柴时须仔细辨认。

该记者骂拆迁者“伤天害理”，其实有点儿过了，他只要穿越时空来到21世纪，看看我们现在是怎样拆迁活人的，就会彻底原谅他那个时代的拆迁者。另外如果他善解人意的话，应该还会对现在的拆迁者产生同情之心，同情他们的压力之大和工作之难。因为现在拆迁面对的都是活人，活人有欲望，会反抗，很容易跟拆迁者产生冲突，个别情绪激动的家伙还会闹自焚。不像民国时拆迁义地，不用宣传，不用劝导，不用断水断电断交通，不用雇黑社会上门殴打，甚至连补偿款都不用付，“拆迁户”就很配合工作了。推土机轰鸣声中，死者的家园纷纷倒塌，这期间没有钉子户，没有上访，拆迁工作有序进行，死者表示情绪稳定。

拆掉历史，得到铁丝

20年来，明清的木楼，民国的洋房，老北京的四合院，名人的故居，在一片反对声中纷纷倒塌，挖掘机冒着黑烟悍然驶过，历史的阵地一个个失守。代之而起的是多层住宅、高层公寓、联排别墅和独栋别墅，千篇一律的水泥盒子，满眼是缺乏历史感的物质生活。我们的建设者大踏步地前行，速度是如此之快，以至于把灵魂甩到了后面。

有朋友慨叹：人心不古。然而人心从未“古”过。曹植的文章早就说了：“昔汤之隆也，则夏馆无余迹；武之兴也，则殷台无遗基；周之亡也，则伊洛无只椽；秦之灭也，则阿房无尺梠。汉道衰则建章撤，灵帝崩则两宫燔。”每一个新的头头上来，都得拆掉一大堆房子，整个中国建筑史，其实就是一部中国拆迁史。进入民国，大小城市都毁城筑路，瓮城变成环岛，墙基变成马路，飞檐的木楼变成平顶的洋房，毁坏历史的规模更大，更彻底。民国二十年（1931年），广州住房紧张，房价飙升，工薪阶层住不起房，还有参议员投书政府，用拆下来的城砖给穷人盖廉租房。

请不要归结到“民族劣根性”上去，遥想当年，罗马人也曾大规模拆毁希腊时代的建筑，哥特人也曾大规模拆毁罗马时代的建筑，直到200年前，埃及人还将金字塔作为采石场。在很长的历史时期内，无论中国人还是外国人，都没有文物保护这个观念。

事实上，即使有这个观念，也挡不住文物被破坏。据我所知，现在北京怀柔西水峪的村民倒卖过长城砖，河北山海关附近的村民把城墙拆了盖新房。他们未必不知道历史应该保护，只是跟眼前的生活比起来，历史毕竟是次要的，一个人只有在吃饱了饭以后，才能体会到历史的意义，并能从怀古中体验到一些快感。当然，照目前这个破坏法儿，等到人人都吃饱了饭以后，也就没什么古可以怀了。

美国上将李奇微讲过一个事例，他说在朝鲜战争时期，釜山附近的韩国人疯狂地偷拆铁丝网，用来编鸡笼。这些人明明知道拆了铁丝网会让朝鲜方面攻进来，但是自己不拆，别的农民也会拆，最后还是免不了失守，还是免不了丢掉小命。既然都是死，那还是拆吧，就算小命丢了，还得一铁丝网呢！套用制度经济学领域的一句黑话，这就叫“集体行动的困境”。

咱们中国的官员、农民和开发商在文物保护方面就处在这样的困境当中——自己不拆，别人也会拆，反正都是无古可怀，不如自己也拆吧，就算历史丢了，还得一铁丝网呢！

官民剪刀差

不要以为民国时代就不拥堵。抗战前夕，成都市区16平方公里，46万人，每平方公里将近3万人，比今日成都还挤。街道又窄，路面又坏，交通法规又没人遵守，汽车虽然很少（全市汽车只有36辆），但上街老是走不动：满坑满谷都是行人和黄包车，还有赶时髦的年轻人在大街正中晃晃悠悠瞎骑的自行车，任凭你把喇叭按飞，就是没人让路。那时候开车上街，就好比反动派陷进了人民战争的汪洋大海。

中国官府的老毛病，老城一堵，就想开辟一座新城。1937年，也就是日本鬼子全面侵华的那一年，为了缓解老城拥堵，四川省建设厅在复兴门外征收农民耕地9000亩，规划了一个“成都新村”，划片卖给开发商以及想要买地建房的市民，让他们在一年内开工建造，两年内建成入住，每延期一年，按土地出让金的1%罚款。现在政府出让土地之后，也要求开发商在限期以内开工，跟民国政府的出发点一样，都是为了促进土地利用，避免土地闲置，防止有人捂地炒地。

且说四川省建设厅从农民手里征地9000亩，补偿金加安置费再加土地平整费总共花了310万元（法币，下同），可是卖给市民和开发商的时候，土地出让金总共要了782万元，这一进一出，赚了一倍还要多。这种情况放到今天也很常见，低价征地，高价出让，向来是地方政府赚钱的法宝。

严格说，四川省建设厅也不算高价出让，9000亩地总共只要310万元出让金，每亩才340元。而行情价是：最繁华的春熙路南段每亩10万元以上，最荒凉的牛王庙街每亩1920元。说明政府虽然在征地时坑了农民，卖地的时候却给了市民和开发商很大优惠。农民吃了些亏，市民占了些便宜，经济学上管这叫“城乡剪刀差”。

现在就不一样了，地方政府低价从农民手里征地，然后再按市场价卖出一个又一个“地王”，然后这些地王再把城里人以及想要成为城里人的农民逼成一批又一批房奴。被征地的农民吃了亏，买房的市民也没有占到便宜，便宜让谁占了？地方政府，地方官。所以现在不是“城乡剪刀差”，是“官民剪刀差”，农民用手里的地，市民用手里的钱，一起为官老爷的政绩和腰包做奉献。

同拆不同价

13年前，我读大一，为了挣学费，趁暑假在老家镇上办了个英语补习班。这补习班很小，只招了47个学生，都是小学五年级毕业（当时那里还没有六年级）准备升初中的小孩。后来这些小孩有的辍学打工，有的念了大学。其中几位一直跟我保持联系，还一直喊我老师，使我颇有桃李满天下的感觉。

就在今年3月下旬，出了一件不幸的事：我的一个学生让车给撞死了。噩耗是另一个学生告诉我的。这个学生跟出车祸的那个同村，当年一同在我的补习班里上课。他问我在公安局是不是有熟人，我以为是想让公安局立案抓捕肇事司机，哪知他说："肇事司机已经逮住了，现在是想把死者的户口迁到城里。"我说："人都死了，还迁什么户口？"他说："城市户口赔得多。"我一下子明白了。咱们中国的政策是同命不同价，同样是撞死一个人，赔偿有天壤之别，撞死外国人要比撞死中国人赔得多，撞死城里人要比撞死农村人赔得多，死者家属想多要点儿补偿，走走后门去给死去的孩子安上一个市民身份，是很无奈的选择。

不光同命不同价，同拆也不同价，政府或者开发商拆迁同样的一所房子，给多少补偿并没有准数，关键得看业主是谁。假如业主是个没有讨价还价能力的人，补偿就会低一些，假如业主让拆迁方感到很难伤害，补偿就会高一些。

现在的事例就不列举了，容我举个民国的例子。1936年，国民政府扩建昆明火车站，房地产交易突然火爆起来，"昆明车站附近之田园荒地多被有权势之地产投机者所购买"。这些"有权势"的投机者可不是为了等车站建成后地皮升值再转手取利，而是为了在拆迁的时候套取高额补偿。

民国法律名实分离，土地法强调"照价收买"，实际上付给业主的补偿要比市价低得多。但这种蛮不讲理的做法只适用于无权无势的老百姓，如果被拆迁一方是官僚或者官僚的亲戚，那就得老老实实地“照价收买”，甚至还可能给出比市价更高的补偿。所以怪象就出来了：听说要拆迁，车站附近的业主赶紧把产业卖给有权有势的人，因为卖价比补偿高；而有权有势的人赶紧到车站一带买房置地，因为补偿比买价高。

无耻不分国籍

民国有个商人叫郑伯昭，是孙中山先生的老乡，靠给英美两国的烟草公司做推销起家，后来自己成立公司，自己开设烟厂，迅速攒下亿万资产。发财之后，郑伯昭开始多元化经营，既做烟草生意，又从事房地产开发。这种经营之道在旧上海商界毫不稀奇，早在清朝，天地会反清复明，占领上海华界，建立"大明国"，把上海富人吓得逃进租界，使得租界的房地产市场在一夜之间火了起来，当时就有鸦片贩子改行做起开发商。商人嘛，图的就是赚钱，只要房产开发的利润超过烟草和鸦片的利润，傻子才不干房地产。

郑伯昭把卖烟赚的钱投在上海公共租界附近的四川北路，开发了一个名叫"宜乐里"的小区，然后把房子租了出去。盖了房子只租不卖，这也是民国开发商的一大特色，本书已经多次提到，所以我在这里用不着再啰唆。且说郑伯昭收了一段时间房租之后，发觉自己的开发方式不太科学——房子都盖成了石库门样式，每幢都是两三层楼带小院子，临街还没有开发商铺，跟高层公寓比起来，太浪费地皮了。所以他想把房客撵出去，拆了重建，临街部分则用高价卖给迫切需要扩展地盘的公共租界工部局。

在宜乐里租房的房客大多签了长期合同，租期没到，房东就撵人，属于毁约，得给大伙一些安置费或者搬家费，多交的租金也得退给人家。郑伯昭是铁公鸡，不给房客补偿，也不退租金。房客当然不同意，拒绝撤离。

房客们人多，郑伯昭钱多，他买通驻军在上海的军阀何丰林，又向公共租界工部局行贿，领了拆迁许可证，带人去宜乐里拆房。房客集体阻拦，跟拆房的工人打了起来，租界当局趁机派出巡捕，荷枪实弹驱赶房客。房客再次反抗，巡捕悍然开枪，结果一个房客被打穿了脑袋，另一个房客被打成残废，其余房客被迫搬走。

在这次强拆事件中，租界当局表现得很无耻。

宜乐里位于华界，轮不到工部局管，它却越权派出巡捕，这是无耻之一。

为了逼房客搬迁，竟然开枪杀人，完全不顾人性和法律，这是无耻之二。

杀人之后又动用宣传机器诬蔑钉子户，说他们的反抗举动是“勒索行为”，是被“一些煽惑者不负责任的宣传”鼓动起来的，这是无耻之三。

最最无耻的是，堂堂工部局采用了黑社会手段，雇人绑架“宜乐里房客联合会”的会长，然后又在报纸上造谣，说该会长其实是个诈骗犯，大家不要上他的当。

您知道，租界当局是洋人的机构，是以文明和民主自居的，它也暴力逼迁，也造谣诬蔑，也用黑社会手段，说明无耻是不分种族和国籍的。我有个不一定正确的结论：只要法律不能真正实施，人权不被真正重视，任何地区的任何机构都敢于无耻起来。

顺便说一下，现在很有名的“上海群众影剧院”，其实就是郑伯昭拆掉宜乐里小区后建成的（当年叫“广东大戏院”）。我没进这个影剧院看过，不知道有没有留下强拆遗迹。不过强拆这种事儿留不留遗迹都无所谓，在这片神奇的土地上，天天都有人制造强拆遗迹。

日伪征地

1943年2月，汪伪政府扩建广州白云机场，在三元里一带征收了农民土地200多亩。

古往今来，不管是为了公益，还是为了私利，征收土地都是必须补偿的，而补偿的数额，至少在理论上，不能比被征土地的市场价值低。换句话说，不管政府出于什么目的征地，都不应该让农民吃亏。

汪伪政府给的补偿是多少呢？每亩778元。这当中，包括土地补偿金、青苗补偿费、迁坟费，以及重修水利设施的补助等等。总之，所有应该补偿的项目都在那778元里面。

778元补偿，不是大洋，不是毫洋，更不是人民币，而是汪伪政府在统治区内强制发行并普遍流通的一种纸币，名叫“中储券”。中储券跟法币一样，刚发行时还很坚挺，越到后来贬值得越快，最后拿出几百万元也只能买根火柴，大堆钞票形同废纸。

在1943年2月，中储券已经贬值，但贬值的程度还不是很厉害，当时广州市面上，“齐眉”牌大米卖到628元（中储券，下同）一担，中级面粉卖到748元一担，黄豆卖到1078元一担，花生卖到3773元一担，猪肉卖到4431元一担，冰糖卖到1393元一担。

“担”是重量单位，民国时一担等于80公斤。故此在1943年2月，花中储券7.85元能买一公斤大米，花9.35元能买一公斤面粉；如果买黄豆、花生、猪肉、冰糖各一公斤，则分别需要中储券13元、47元、55元、17元。拿这组物价跟现在的物价相比，您可以估算出当时中储券的购买力：大概每两元中储券才能兑换一块钱人民币。汪伪政府征收三元里一带农民土地，每亩给予补偿778元，折成人民币还不到400块钱，简直就是白捡。

当然，那时候三元里还不繁华，地价还不是很高，尤其农民的土地更加便宜。但再便宜也有个价格，早在1933年，广州还没有沦陷的时候，那里一亩耕地就能卖到毫洋几千元，按购买力折成人民币，上万元一亩是没跑的。市价上万，只给几百，汪伪政府对广州农民可算是狠到了姥姥家。

不过也不稀罕，我老家的县城正在西扩，县政府征用西郊农民的耕地，只给3.5万元一亩的补偿，“七通一平”之后，转手卖给开发商，起价是一亩400万元，更狠。

日本鬼子征地

日本鬼子有一些暴行，在教科书上略过去了，通俗历史著作也鲜见回顾，它们埋藏在古旧报纸以及抗战小册子的字里行间，埋藏在大难不死并仍然健在的某些长寿老人的回忆里，偶尔也能在民国漫画的内页里见到它们，就像一两张不引人注意的带血标本。

请允许我举两个活生生的例子。

1937年7月，日军攻占北京，在今天的丰台区造甲村（位于北京西站西南）修建机场，征用了一批土地。征地需要付给补偿，当时日军付多少补偿，或者

◉盼望抗战胜利的门神画（已故美术家赖少其先生1939年作品）

有没有付给补偿，史料上没记载，我们只知道农民不答应（也许是出于爱国精神，也许是因为补偿太低），不愿意在协议书上签字。日军就采取强制手段，用刺刀逼着农民签字。最后他们得逞了，成功征地近200亩。

我猜想，日军用刺刀威逼农民的时候，绝不只是恐吓那么简单，被征地一方免不了要流点儿血，说不定还死了人。不过史料上没写，我不敢妄言。

下面这起征地事件就真的是流血满地了。1937年8月，日军攻占上海，在今日上海浦东新区的黄沙村和顾家宅村修建机场，也要征用农民土地。这回日军吸取“教训”，干脆不给任何补偿，也不跟农民谈任何条件，直接杀人夺地。黄沙村纵横七八十里，定居三四百人，不分男女老幼，被狗日的鬼子全部屠杀，无一幸免。顾家宅村倒没遭受灭村之祸，但日军为了杀人立威，一刀下去，把一个刚满四岁的孤儿劈成了两截。人都死了，自然不会再有什么钉子户，自然不需要再给什么补偿。

顺便讲一个发生在现代中国的故事。

2006年，中部某县城建造经适房，县政府在城郊征地，每亩只给3万元补偿，而且限定一个月内交出土地，不然不给青苗补偿。这个政策犯了众怒，城郊农民围堵政府，跟防暴警察混战了一阵子。我的一个远房亲戚时任城建委副主任，在征地工作中是骨干分子，事后他在酒桌上恶狠狠地说：“咋就不敢开枪呢？”他的意思是说，要是杀几个闹事的农民，就没人敢跟政府讨价还价了。

我这个亲戚是个半文盲，从来不读书，更加不读史书，假如他读了日军在上海浦东屠村征地的“事迹”，肯定会感叹今不如昔——那时候征地多省事啊！

第四章　在民国做开发商

民国媒体把炒房炒地的人称之为“炒业家”，1928年到1935年间，南京房价平均每年暴涨一倍，据说就是炒业家的功劳。不过在南京，真正的炒业家恐怕并不是那些购置之后囤积居奇的买主，而是开发房屋的开发商。

租地建房

咱们历史教科书上常讲土地兼并，说越到王朝后期，耕地越往大地主手里集中，大批农民沦为佃户，两极分化严重，阶级矛盾加剧，最终导致革命爆发。这个观念，是套用马克思对西方封建史的总结，并不符合咱们中国的历史事实。事实是，耕地的兼并程度跟王朝的循环周期没有任何必然联系，从魏晋到明清，耕地不是越来越集中，而是越来越分散，推倒唐宋元明清这些帝国大厦的主力不是佃户，而是自耕农。

当然，土地兼并还是有的，而且不光在农村存在，在城市也风行。唐宋元明清等朝代，每一座城市里的建筑用地，都有相当一部分集中到权贵或富商的手里，或者干脆集中在政府的手里（例如宋朝和明朝）。这些“城市地主”囤积居奇，一般不会卖地，给多少钱都不卖，普通市民想自建房，得找他们租地皮，完了每年交一笔地租，史称“地基钱”。

民国亦然。越是房地产繁荣的城市，土地兼并越严重，“通衢大街早有豪强势家所占有，即背街小道亦大部集中于富商巨贾诸特殊阶级之手而不愿出售”（中国地政学院董国祥1936年调查报告《重庆市地价与房租之研究》）。有资本而且有能力买到地皮的，除了那些拥有雄厚资金的华侨，就剩下黑帮大亨以及有政府背景的银行了。其他人想买地，门儿都没有。买不到地皮怎么盖房子？答案就是租地。

租地有两种合约：一、签订长期合同，例如30年甚至50年，每年缴一次地租，地价看涨的时候，还可以上调租金；二、签订短期合同，例如10年或者15年，不用缴纳一分钱的地租，但是在合同期满的时候，上面盖的房子自动转移到地主名下，不给任何补偿，地主拆掉也好，卖掉也好，你都无权过问。

民国的市民自建房，签第一种合约的多。也就是说，房是自己的，地是人家的，只要你的房子还在人家地皮上盖着，你就得一直不停地缴地租。而中小型开发商租地搞开发，签第二种合约的多：一文不花租到地皮，然后在上面建成小区，然后把小区里的房子租出去，租满若干年，收到的房租除了弥补建造成本还有利润可赚，此时租期差不多也就满了，得把地皮和小区都交给地主了，地主可以把小区卖掉，也可以继续向外出租。

仔细想想，咱们现在也是租地建房——城市里的地皮都是国有的，都有产权期限，最长也不过70年，70年一满，国家有权无偿收回上面的房子。所以国家是个大地主，开发商搞开发也好，市民自己盖也好，都是在国家的地皮上租地建房。

黄楚九的烂尾楼

众所周知，黄楚九是民国时代最有名的娱乐场所“大世界”的老板，是上海滩上叱咤风云的一号人物。不过很少有人知道，他还是个房地产开发商。

黄楚九进军房地产是在1925年，那时候上海楼市很火爆，全国各地的有钱人和投机家都携着重金到上海买地买房，买不起房的就争取做二房东，以至于上海人拜年，都用“今年你一定能做二房东”这样的话来道喜。几乎所有人都相信房价会一直涨下去，楼市会一直火下去，如果有人敢说两年后就要崩盘，没准大伙会以为他是疯子。在这种利好形势下，以房地产为主业的老牌开发商拼命扩大开发规模，本来做其他生意的人也改行干起了房地产，黄楚九就是其中的一员。老黄手笔不凡，在今天的上海宁波路一带开发商业地产，一出手就建起20幢新式楼房，底层做商铺，上面做写字楼。

房地产是最耗钱的生意，黄楚九资金不够，向银行借贷，银行给的钱太少，他又自办储蓄所，24小时营业，高息吸储。这个手法放到今天毫不稀奇，现在二三线城市有很多小规模的开发商没资格从银行贷款，偷偷摸摸办起“投资担保公司”，用高出银行利息几倍的利率吸引民间资金，赚了就还，赔了就跑。可是在民国，黄楚九此举绝对算是开创性的。开创必有风险，房子卖得顺利还行，万一砸在手里，成千上万个小债主绝对够他喝一壶。

不幸的是，那20幢公寓还真就砸在黄楚九手里了——他那20幢大楼建成后，刚好赶上北伐，革命军和驻守上海的军队展开激战，同时共产党又鼓动工人罢工，上海市面立马萧条下来。市民出逃，外来务工人员也纷纷返乡，黄楚九新盖的公寓无人问津，经过再三努力，他才租出去两间房子，一间租给了电力公司，另一间租给了一家鞋店，剩下那些崭新的房子全都空着。

紧接着，在黄楚九的储蓄所里投资的那些债主去提钱，黄楚九无钱可付，他在上海经营多年，不舍得跑路，只能变卖家产还债。上海另一位大亨黄金荣趁火打劫，低价盘走了他的“大世界”，气得老黄撒手归西。

这个故事告诉我们，楼市并不像看上去那么坚强，房价并不会永远上涨，让它崩盘很容易，只需要一场战争，或者一纸限购令。

开发商不卖房

弄一块地皮，盖一片房子，把房卖掉，回笼资金；再弄一块地皮，盖一片房子，再把房卖掉，回笼资金……这是现代中国房地产开发的基本模式。

民国房地产开发与此不同，那时候基本模式是这样的：弄一块地皮，盖一片房子，把房租出去，回笼资金；再弄一块地皮，盖一片房子，再把房租出去，回笼资金……

也就是说，现在的开发商靠卖房赚钱，民国的开发商靠租房赚钱。

民国上海有一家树德房地产公司，其老板叶澄衷断断续续开发了几百幢房屋，常年向外出租，年均纯利润高达纹银10万两。另有华商刘景德，民国前夕在租界买进地皮，开发商业大楼两幢，出租给600多家商户，平均每月有5万大洋的房租进账。1930年前后，全上海大大小小的开发商多达800多家，绝大多数都是像叶澄衷、刘景德这样，每开发一片房屋，都把它们租出去获利。

建成而后出租的开发方式有一个优点：回笼资金虽慢，却细水长流，假使开发商野心不大、欲望不强并且运营得法的话，只开发一处房子就能保证一生吃喝不愁。但是也有缺点：回笼资金的周期太长，中间时局多变，风险系数偏高。像黄楚九，他在1927年开发的那批商住两用楼如果立马卖掉的话，还能赶上黄金楼市的末班车，绝对有大钱可赚，但他像其他开发商那样选择了长期持有并向外出租，结果撞上了经济大萧条，20多幢楼房无人承租。

民国开发商宁愿冒着时局多变的风险，也不走开发即出售的现代路子，个中原因有三：

第一，正是因为时局多变，购房者才纷纷产生了朝不保夕的感觉，花半生积蓄买一处产业，谁知道哪天会让轰炸机掀掉？与其买房，不如租房。

第二，民国税费种类繁杂，税率很高，购房者买房，除了向开发商缴房款，以及到财政局缴契税，还得缴过户费、中证费、市政经费、建设特捐、地保盖戳费、手数料照转移税……

以1928年为例，在上海购买一所普通住宅，契税是购房款的9%，过户费是购房款的1%，中证费是购房款的3%，市政经费是购房款的5%，建设特捐是购房款的1%，地保盖戳费是购房款的2%，手数料照转移税是购房款的2%，这几项税费加起来，占到购房款的23%。比方说您花100万元买套房，为了过户，还得另掏23万元的税款，非常之不划算。如此繁重的交易税，肯定要减少交易，除非万不得已，大伙宁租房，不买房。

第三，开发商只租不卖是中国传统。

我研究古代房产交易和住房政策多年，发现无论唐宋开发商还是明清开发商，身上都有浓厚的地主倾向：地主买了田地，是为了出租给佃户常年收租的；开发商盖了房子，也是为了出租给房客常年收租的。古代中国的地主不喜欢卖地，古代中国的开发商也不喜欢卖房。举几个例子：唐朝史籍和唐人传奇里经常提到一位传奇性的人物——长安富豪窦乂，此人在长安西城开发商铺几十间，一直用来出租，甚至在窦乂死后百余年，他的儿孙还守着他开发的商铺不放，常年出租，绝不出售。五代和宋初的官商桑维翰热衷于房地产开发，也是只出租不出售。明朝权臣杨士奇，清朝权臣高士奇，以及历史上最著名的大贪官和珅，都在京城开发过住宅和商铺，却都不见他们卖出的迹象，他们只出租。

像这种同时存在于古代开发商与古代地主身上的只租不卖倾向，其实根源于儒家传统和宗族意识：儒家以守恒产为歌颂对象，而房屋和土地正是恒产；宗族以守祖业为歌颂对象，凡是上辈的产业，无论是源于祖传还是来自开发，都得守住，否则即为破家，要受到舆论的唾骂，有时候还会因为族人首告而锒铛入狱。

直到民国时期，中国民间买房卖房，卖方还被叫作“破方”，这个“破”就是破家的意思，卖房等于破家，很受忌讳。民国开发商之所以出租房屋的多、出售房屋的少，归根结底是受这个传统影响的。

代理出租

小德张是清末最红的太监，在慈禧老佛爷的庇护下，他贪污了不少钱，身家超过任何一个不得宠的王爷。清朝完蛋后，太监和贪官都没被清算，小德张“拥资自乐”，四处买房，在北京前门外大栅栏买了一处专卖洋货的大商铺（参见许指严《十叶野闻》），又在安定门外买了一处建房两三百间的大型四合院（参见《民国官场现形记》）。末代皇帝溥仪在天津日租界租房的时候，小德张还在天津英租界买了一幢豪华的大楼，“有几个姨太太和一大群奴仆侍候他，威风不下于一个军阀”（溥仪《我的前半生》第二章第五节《太监》）。

房产如此之多，小德张当然住不完，他要租出去牟利，可是又不想让房客知道是他的产业，就委托经纪人代为出租。房客们看房、订房、签合同，以及后来每月交房租，住上十年八年，也不知道真正的房东竟然会是一个死太监。

代理出租这个行业，现在是很兴盛的，一般的房地产中介公司都能经营，甚至有些开发商都在做：业主买了房不住，交给开发商代为经营，让业主月月都能招财进宝。

在民国时代，代理出租也很兴盛，因为有很多像小德张这样的太监和贪官，既想把闲置不用的房子租出去生财，又不想让公众知道他们贪占了多少，只能找人代理。

北洋军阀孙传芳在上海有将近200幢楼，让比利时公司义品洋行代理出租；李鸿章的儿子李经迈在上海南京西路拥有整整一个社区的房产，让英国公司爱尔德洋行代理出租；康有为在上海有3所花园别墅（他买房时挪用了保皇派的集资款），其中一所委托了余兴房产公司代为出租。因为上海隐藏的贪官和空房实在太多，对代理出租行业的需求很大，所以早在民国初年，上海就成立了

40多家“经租账房”和“经租处”（参见《上海指南》卷6，商务印书馆1922年版）。

到了今天，贪官们的脾气似乎变了，他们的钱已经足够多，不在乎那点儿房租，宁可让房子空置，也不愿让人代理。为了保险起见，那些空置房并不登记在他们名下，而是挂名在比较信任的亲戚名下。对他们亲戚来说，这肯定不叫代理出租，只能叫“代理保管”。

买彩票，中房子

调控以后，楼市很冷，无论一线城市还是二三线城市，尽管开发商都在毫不脸红地吹嘘着“回暖”和“热销”，但大多数项目开盘一年也卖不到三成。在这个时候，用什么办法能把房子迅速卖完？答案是搞抽奖。

我说的抽奖可不是全国各地售楼部玩滥了的那种摇号促销：先让买家交一

◉1948年元月上海市房屋义卖券（正面）

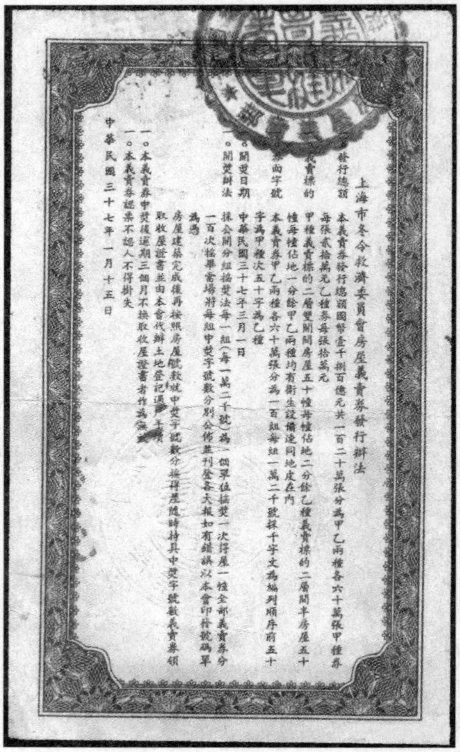

◉1948年元月上海市房屋义卖券（背面）

◉武汉房地义卖券，武汉区敌伪产业处理委员会1949年发行

两万元意向金，然后给一张编了号的小纸片，然后用纸箱子摇号或者用电脑摇号，摇出一张代金券出来，上面写着“优惠5万”或者“优惠10万”。这种促销方式无非就是通过变相打折哄买家高兴，以为自己真的好运气，然后喜气洋洋拿出银行卡交首付。

我说的抽奖是真正的抽奖，是让开发商通过发行彩票的方式卖房，彩票的面值必须很低，购房者只要几块钱或者几十块钱就能买一张，完了集中日期摇号兑奖，谁中了奖，谁就能得到一套房子。

比方说，某开发商手里还压着100套房子没卖掉，这100套房子的总价大约是1亿元，那么他可以发行1000万张彩票，每张10块钱，允许大家任意购买，卖完以后集中摇号，让电脑随机挑出来100个中奖号码，每个号码都奖励一套房子。真能这样搞的话，我想那100套房子不出仨月就能清盘。您想啊，才10块钱一张，再缺钱的刚需族也能买一张，中奖几率十万分之一，比体彩“超级大乐

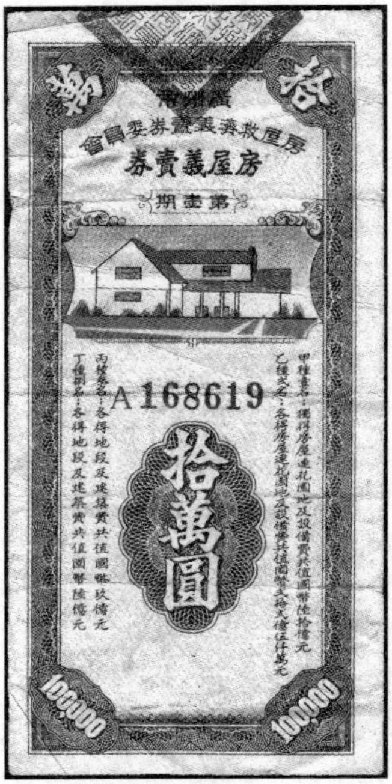

◉广州房屋救济义卖券，广州市房屋救济义卖券委员会1949年发行

透”四等奖的中奖概率都要高得多，后者的奖品只有几千块钱，而前者的奖品却是一套房子！

当然，目前开发商是不可能发行彩票的，倒不是因为这种销售方式比传统销售方式的成本高（事实上彩票的发行成本极低），而是政府根本不会批准。早在解放前夕，国民党政府倒是批准过，而且是政府亲自出面，通过发行彩票的方式卖房。

1948年元月（农历1947年底），上海市政府发行了120万张彩票，分为甲、乙两种，甲种20万元（法币，按1948年2月初购买力，约折合人民币80元）一张，乙种10万元（按购买力约折合人民币40元）一张，完了集中抽奖：甲种彩票中奖率是一万两千分之一，奖品是一幢两间宽、两层高，带有厨房、书房、餐厅、客厅、浴室和三个卧室的联排洋房；乙种彩票中奖率也是一万两千分之一，奖品是一幢一间宽、两层高，带有餐厅、厨房和三个卧室的联排洋房。

1949年3月，武汉市政府发行了100万张彩票，面值都是“银币一元”，也就是花一块大洋（按1949年春季购买力，约折合人民币60元）可以买一张，中奖率是两万五千分之一，奖品是位于汉口的别墅一幢。

这些特殊的彩票在民国有特殊的名称，叫作“房屋义卖券”、“房屋救济券”或者“房地义卖券”。之所以戴上“义卖”和“救济”的帽子，是因为它们确实带有慈善性质：国民党政府声明，只要彩票发行收入超过奖品——也就是房子——的市值，就把超过部分拿来给低收入家庭盖廉租房，以及给寒冬季节无家可归的难民修建“庇寒所”。

目前看，国民党政府用彩票卖房子的销售方式很难被现在的开发商效仿，但是可以被现在的政府借鉴——地方政府不是都嚷着没钱盖保障房吗？完全可以学国民党，通过发行“房屋义卖券”来筹款嘛！

犹太人的大观园

《红楼梦》第三回说，从宁府大门到荣府大门，隔着“一射之地”，也就是射一箭那么远。古人射箭，一石为准，不顺风也不逆风，能射150米，所以从宁府大门到荣府大门的距离大约就是150米。假定宁府跟荣府面积相等，而且大门都是开在南墙正中，那么很明显，宁府的宽度是150米，荣府的宽度也是150米。再假定宁府和荣府都是正方形，那么这两个府邸的占地面积都将是22500平方米，折合34亩。事实上，过去的大宅院都是南北长、东西短，如果宁府和荣府宽有150米，那么南北长度必定超过150米，进而占地面积必定也超过34亩。

作为一个测绘员出身的文学青年，我一边细读《红楼梦》，一边给里面的大观园绘制平面图，结果发现，大观园占去荣府半壁江山，占去宁府小半壁江山，从林黛玉住的潇湘馆到贾宝玉住的怡红院，曲曲弯弯竟然长达120米，这么远的距离，要是没有丫头在中间传话，宝黛二人就只能用对山歌的方式来约会啦。这边宝玉唱：“哎——唱歌要唱花连理哎——栽花要栽呀排对排哎——”那边黛玉唱：“嗨——哥真有心妹也知哎——奶奶让咱去吃饭哎——”这样对歌，堪称大观园一景。

这个房间到那个房间竟然间隔120米，现在只有小区才能达到，如果是一家一户的独栋别墅，不管多大，不管多豪华，都不可能占地这么多。李连杰在上海有花园豪宅，张国立在北京有花园豪宅，此前落马的某贪官在深圳有花园豪宅，市值据说都在亿元以上，可是把仨豪宅的面积捆一块儿，也不到大观园的一个零头，我这么说，您不反对吧？

不过咱也不必沮丧，现代中国没有能跟大观园媲美的宅子，民国上海还是有的。民国前期，上海的霞飞路和善钟路交叉口，也就是现在的常熟路和淮海中路交叉口，有一个“沙发花园”，是犹太籍开发商维克多·沙逊给自己盖的别墅，据老上海人回忆，当时公交车从这儿经过，要走两站才能走完。那时的公交车100米是一站，两站就是200米，比宁府大门到荣府大门的距离还要长。您知道，民国前期没有对讲机，更没有手机，别墅的主人沙逊要是有事儿喊门童过去，恐怕也得采用对山歌的方式吧。

日本人打上海的时候，维克多·沙逊把这幢大别墅卖给了浙江兴业银行，然后被兴业银行改建成小区，内有独栋洋房70多所。现在这所小区叫作“上方花园”，占地40亩，是老上海洋房的典范之作，每所洋房起价在4000万元左右——我说的是2010年的老行情，当您看到这本书的时候，4000万元肯定已经买不起了。

加叹

限购以后，楼市降温，房子降价，原先没看准形势、赶在房价巅峰期入市的购房者吃了暗亏，于是有人围堵售楼部，闹着退房。

我对开发商向来没有好感，不过对闹着退房的业主也没什么好印象：房价涨的时候抢着买，房价一降就反悔，还有没有一点儿契约精神啊？再说谁告诉您房价只会涨不会降的？要是开发商当初给您拍过胸脯，那他当然得退，不退告丫的；要是合同上根本没写降价就退房的条款，您凭什么找人退房？降价了您就退房，那要是涨了，开发商是不是也可以找您要差价呢？

我想说的是，在古代中国的房地产市场上，房价上涨之后，卖方找买方要差价的现象曾经很常见。举个例子，康熙十三年（1674年），苏州商人陈求章把一所住宅卖给一个姓席的人，1000两成交。到了康熙十五年（1676年），房价上涨，陈求章感觉卖亏了，委托中间人让席某“加添”，席某又给他120两。同年年底，陈求章手头缺钱，让席某“找价”，席某又给他200两。康熙十六年（1677年），房价继续上涨，陈求章又委托中人“加叹”，席某不得不再拿出80两给陈求章（整个交易过程见于《康熙十六年六月苏州陈求章永远杜绝加叹契》，契约原件现藏于日本京都大学图书馆，编号为2549-06）。也就是说，本来1000两买的房子，因为房价上涨和卖家找后账，席某又多花了400两。

照今天的规矩，房子一旦成交，从此属于买方，房价不管涨到什么地步，卖家都无权找后账，更无权按原价回赎。可是古代中国没有这种契约精神，很多头脑冬烘的父母官总是把屁股坐在卖方那里——他们认为这样可以使买家望而却步，进而可以减少不动产兼并。进入民国以后，契约精神建立了，但在广大农村和中小城市，卖方找后账仍然是个很强大的习俗，以至于民国法学家编定《中国民事习惯大全》，还要列入这样的交易术语：

“找价”，意思是卖方让已经交过房款的买方加钱；

“绝卖”，意思是卖方说话算话，卖过之后绝对不找后账；

“加叹”，意思是最后一回让买方加钱。

开发商变成炒房团

1936年，民国学者高炳南在国民党机关报《中央日报》上发表评论说：

> 自建都以来，达官显宦、富商大贾，无不高筑洋房，广购庭院，尤其在城北高旷优美之地，随处可见其产业。南京目前虽无如故都北平占地数百亩之王府，却亦增加了不少宏大宽敞的公馆别庄，这种房屋尽管多多的增加，却都被达官以巨款收入囊中，一般市民是无福消受的，真乃富者有广厦万间，贫者无立锥之地也！

高官、军阀和富商们买来优质的土地和房屋，并不全为自住，一部分也是为了升值和转手。鉴于民国房产税沉重，买房持有并等待升值的成本太高，所以炒地的很多，炒房的很少（广州和上海两个城市除外）。但是地价既然炒了上去，房价必然也要上升。

民国媒体把炒房炒地的人称之为“炒业家”，1928年到1935年间，南京房价平均每年暴涨一倍，据说就是炒业家的功劳。1932年12月2日《中央日报》第六版刊发评论说：

> 惟地产涨价，多数社会之意见认系都市日趋发展至一种自然趋势，然炒业家之拼命狂炒煽动，实促进而助成之，遂致寸金尺土之势。

不过在南京，真正的炒业家恐怕并不是那些购置之后囤积居奇的买主，而是开发房屋的开发商。

据1935年国民政府内政部调查，整个南京市共有开发商800多家，其中多数是兼营房地产的，比如砖瓦厂、木材厂、铁厂、自来水厂之类，此外还有财政部持股的几家大银行。

这800多家开发商每年开发房屋多少不得而知，但是每年推出的房屋数量可以在内政部档案中查到：1931年仅推出商铺1633间、住宅6041间，1932年仅推出商铺3718间、住宅3808间，1933年仅推出商铺3637间、住宅3600间，平均每家开发商每年推出的房屋还不到10间！

之所以会出现以上怪象，是因为这些开发商更热衷于囤地和囤房，也就是把地皮买下来，把房屋建好，但是尽可能少量地开盘出售，以便人为制造一种供需矛盾极为突出的现象，让南京房价涨上去。

有人可能会问：开发商不卖房，资金怎么回笼？很简单，这些开发商大多属于兼营，有自己的主营业务，搞房地产只是副业而已。

第五章　居住环境和居住理念

“兵家”没有争夺城市的时候，城市是优于农村的，有钱的农村人为了换一个相对良好的治安环境，纷纷在城里买房定居；可是当“兵家”开始争夺城市的时候，城市却连农村都不如，城里人为了保住妻女、钱财和自己的小命，不得不纷纷向农村逃难。

马桶称王的时代

搁现在，男人闯进女厕所，若非高度近视，就是变态无疑，倘被大伙瞧见，必定人人喊打。但是在民国某个时期，男人进女厕是常有的事。不信您翻翻1931年6月份的《越华报》、《广州民国日报》、《中央日报》，就知道我没有乱盖。

为什么民国男人常进女厕呢？集体变态？NO。集体近视？NO。误闯而已。您知道，民国中叶以前，我们引以为豪的任何一个朝代，城市里的公共厕所都是男厕所，没有一座是让女生用的，以至于到了20世纪30年代各大城市建起女厕所之后，爱犯经验主义错误的男人们还一如既往地见厕就进，于是就闹出很多尴尬来。

◉旧上海女演员陈燕燕

女生没有厕所，那她们用什么解决问题呢？用马桶。这马桶不是抽水马桶，是木质的或者铅皮的粪桶，讲究的粪桶上面还有盖儿，不讲究的连盖儿都没有。旧式民居里也没有专门存放马桶的私密空间，小姐们只能把马桶放在自己闺房里。像《红楼梦》里薛宝钗的蘅芜苑、林黛玉的潇湘馆，听起来非常雅致，实际上卧房一角都矗立着一两只臭烘烘的玩意儿。小姐们脾胃弱，怕熏了消化系统，所以要让丫鬟点上一支香，再挂上一道布帘子。岂但小姐，连丫鬟和老妈子都是用马桶解决问题，因为大户人家规矩多，厕所只供男人用，女人用厕所有伤风化。不信您去大观园逛逛，住那么多人，只在东北角盖了一小间厕所，刘姥姥、香菱和已经雌化的贾宝玉不会去厕所，他们在园子里玩累了，懒得回房间找马桶，就在假山洞里或者花树丛中大小便，完了让下人们集中打扫。包括民国前期的某些女子大学，在宿舍楼里也是找不到厕所的，女生们的"厕所"就是藏在床底下那只桶，以至于某些烧包且有钱的女生需要带老妈子陪读，这老妈子的一项重要任务就是帮小姐倒马桶。

那位问了，既然外面没有女厕所，马桶又只能在家用，出了家门可怎么办？好办，把马桶带上。像民国女影星陈燕燕，汽车上必带的东西就两样，一是扑粉盒，二就是马桶。陈燕燕老师的做法其实也可以被咱们效仿——像北京那样堵的城市，在副驾位上搁一马桶，绝对有备无患。

化腐朽为神奇

像广州这么大的城市，生活着这么多的人口，每天产生的人粪尿肯定是海量的。问题是，那些海量的人粪尿最后都到哪里去了呢？当然，我知道咱们家家户户都用水厕，也就是抽水马桶，大伙把人粪尿排进马桶，然后再冲进下水道里。可您能进一步告诉我下水道里的那些东西最后又排到何处去了吗？是被细菌分解掉了，还是直接流进了江河湖海？抑或被我们的化工厂当作原料，加工成了氮肥？您得原谅我的无知，说真的，我一直没有把这个问题整明白，如果您碰巧知道，还请来信答疑，我在这里提前谢过。

身为今之古人，我倒是知道民国时候人粪尿的最终去向。民国农村且不说，那时候的农村跟我们现在大多数地方的农村一样，人粪尿差不多都进了庄

◉农民的希望（《抗战八年木刻选集》第62页，开明书店1946年版）

稼地，成了宝贵的有机肥；而民国的大城市，像北京、上海、广州、南京，每天产生的人粪尿竟然也是以庄稼地为终点站！

个中流程是这样的：一、城里人把大小便排进旱厕或者便桶；二、清洁工把旱厕和便桶里的东西收集起来，装桶或者装车运走，倒进城郊的化粪池；三、粪商定期来收购化粪池里的肥料，运往农村论斤销售；四、农民用这些肥料种植粮食和蔬菜，最后再把粮食和蔬菜卖给城里人……总之这是一种美妙的生态循环，绝对的变废为宝，化腐朽为神奇。

民国也有少数水厕，但那时候抽水马桶冲走的脏物并没有流进地下管道，而是在水厕下面的沉淀池里沉积起来，这样每隔两三年都要请清洁工挖一次，挖走的东西最后还是卖给了农民。

在民国前期，农村经济还没有完全崩溃，农民愿意出钱购买绿肥，所以市民们不但不用花钱清理大小便，还能得到一点儿好处。譬如上个世纪20年代的广州，公共照明费用其实就是来自公厕出售肥料的收入。可是农村经济破产之后就不一样了，粪便卖不掉，化粪池里有如山积，市政部门开始向大伙收“粪捐”，一个厕所一年要交15块大洋，一只马桶一年要交3块大洋。某些小气的市民为了节省开支，对前来收费的工作人员撒谎，说自家没有厕所，并且瞒报马桶数量，甚至把自家马桶里的东西偷偷倒进邻居家的马桶，于是邻里之间频频闹起矛盾。

这还算好的，还有那爱省事儿的市民，早起推开窗户，很麻利地一倒……您能想象得到，民国广州的晨练者应该都是打着伞跑步的，这样可以避免撞彩。

为有源头活水来

身为现代人，咱们偶尔会羡慕古人。古代多好啊，没有污染，没有拥堵，天是蓝的，空气是新鲜的，夜色是漆黑的，鸟鸣是清脆的，泉水是干净的，真好，真好啊！可惜像这样的憧憬和梦回，一般经不起细琢磨。譬如拥堵，春秋战国时楚之郢都、齐之临淄，大街上摩肩接踵车毂相击，这都是文献上凿凿可考的。还有南宋杭州的人口密度超过今日之杭州，民国上海的人口密度超过今日之上海，也都有详尽数据可查。另外民国报纸上刊载的车祸新闻似乎也不少，对吧？再譬如污染，明朝染坊任意排放废水，致使苏州河发臭，秦淮河发臭，这在明代工商业碑刻拓片上有载。加上过去老百姓缺乏公德心，在井边淘菜，在河边洗衣，完了原地倾倒废水，甚至直接在大伙取水的地方刷马桶！所以谁要说古人天天饮用干净安全无污染的水，打死我都不信。

目前我知道的是，至少在晚清和民国，恶劣的水质和不良的饮水习惯曾经造成很多地方的人患上结石和痢疾，以至于老外把痢疾称为“东方病”（Oriental Deseases）。

有没有适合饮用的水呢？有。清代皇室每天早上派专人专车从玉泉山上拉的泉水就是干净的，《红楼梦》里那位烧包尼姑妙玉派丫鬟婆子从梅花瓣上扫的雪也是干净的。雪本来很脏，但妙玉把雪装罐，埋入地下，陈上好几年，杂质就都沉底了，然后刨出来煮茶待客，纯净无比，可以说是最干净的“软水”。可这些水的成本太高，只有极少数有钱且有闲的家伙才能享用，普通百姓连20个铜板一挑的“甜井水”都喝不起，遑论玉泉山水和梅花瓣上的雪。

也只有到了民国中后期，咱升斗小民才能喝到既便宜又卫生的水：自来水。抗战前夕有首竹枝词：

城北方塘一鉴开，千万龙蛇地下排。

问渠哪得清如许，为有源头活水来。

说的就是民国北京的自来水。除了北京，上海、广州、南京、杭州、重庆、汉口，都或先或后铺设了自来水管道。

那时候自来水的收费标准差不多，每用一吨水一般要交大洋一角多一点，小家庭做饭烧茶，一个月只用几分大洋的水就够了。至于洗衣洗澡，可以像过去一样使用井水或河水。不过自来水初装费很贵，当年鲁迅哥俩在北京首次买房，装修时接了自来水，自来水公司管他们要了115块大洋的初装费，相当于一个黄包车夫一年的收入。

用不起自来水

到了上个世纪30年代，各大城市都已经通了自来水。像上海，一个城市竟然建了三个自来水厂，公共租界一个，法租界一个，闸北还有一个。三个自来水厂分别由三个机构来管理，公共租界那个归上海自来水公司管，法租界那个归法商电车电灯公司自来水部管，闸北那个归上海市商办水电股份公司管。那时候的上海人想安装自来水，可以就近选择离自己家最近的自来水厂。

广州的自来水厂只有一个，归广州市自来水管理处领导，谁家要装自来水，就去设在长堤的自来水管理处申请，每月缴水费则去设在东山的广东省银

◎用不起自来水的棚户居民，不远处是高楼大厦（《中国版画集》第25页，上海晨光出版公司1948年版）

行，那儿代收水费，就像现在的银行代收电费一样。

现在自来水公司收水费，是按吨收，民国时代则有两种计费方法，一是按吨，二是按加仑。一般来说，租界地方按加仑收，华界按吨收。广州是按吨，以1930年为例，每月用水量只要不超过45吨，每吨水费是毫洋0.11元；超过45吨的话，每吨毫洋0.099元。事实上普通家庭很少有一个月用水超过45吨的，那太浪费了。

1930年的广州物价是这样的：普通大米8分毫洋一斤，五花肉5角毫洋一斤，咸鸭蛋2分毫洋一个，中山装5块毫洋一件，去咖啡馆喝杯西式红茶要花毫洋2角，去明珠影画院看场电影要花毫洋4角。按购买力折算，那时候一块毫洋相当于人民币30块钱到200块钱。咱们假定一块毫洋只相当于人民币30块钱，那么当时广州的水费就等于是3块多一吨。这个水价是不能算贵的，您知道，现在广州城乡接合部的实际水价已经超过了4块钱一吨。

然而鲁迅先生说了：本来世界上穷人有份的，还有日光、空气和水，现在穷人们连自来水也喝不起，只能继续喝河里和井里的脏水。这是为什么呢？因为民国的水费虽然不贵，安装自来水的初装费却非常高，譬如在上海华界，普通市民接一根管径20厘米的水管入户，得给闸北水电公司贡献50块大洋的初装费，相当于毫洋70块，人民币2000多元。

不光初装费，民国时代的自来水公司还很变态地实行了最低消费制度，如果你家里装了四五个水龙头的话，即使从不打开，自来水公司每月也得收您8块大洋的水费。

小乱居城，大乱居乡

由于农村交通条件落后、基层警力不足、宗族势力强大，加上农村居民经受现代文明的洗礼相对很少，所以从民国到今天，农村的整体治安状况都不如城市。但是跟战争比起来，治安毕竟算是小事，所以过去一般管战争叫大乱，管不好的治安叫小乱。

小乱通常在农村发生，大乱则通常在城市出现。在毛泽东倡导的新型革命路线“农村包围城市”之前，大规模战争都是以城市为争夺对象，以至于现在我们各地修方志，一说本城风土如何，还动不动就自诩为“兵家必争之地”。从老百姓的角度看，这个“兵家必争之地”可绝不是什么吉祥话，它意味着大批的无辜市民要破财，要流血，要有家人被流弹击中，要有妻女被乱兵奸淫。

成都作家流沙河老师生在民国，对“兵家必争之地”有着鲜活的回忆，他说：“我本成都人，生在城内会府南街姓蔡的塑像店对门一座小院。刚刚满

◉兵匪的兽行（《江浙直丰血战画宝大全》贞集第3页，上海战事写真馆1924年版）

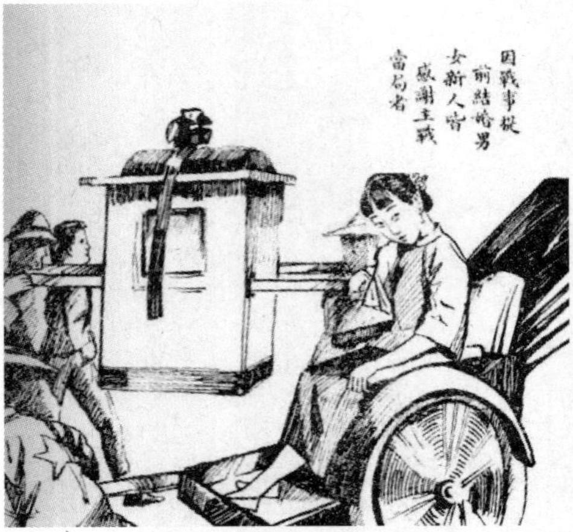

◉内战时因怕遭受污辱而提前出嫁的姑娘（《江浙直丰血战画宝大全》贞集第9页，上海战事写真馆1924年版）

月，军阀巷战，炮弹啸声越过屋上，轰然爆炸，地震尘飞，而门外喊杀之声可闻。母亲紧搂着我，躲在床上发抖。”那时候他还小，没有被抓去当壮丁，所以只是受到惊吓，还没机会看到更鲜活的真相。事实上在那次军阀巷战中，被杀红了眼的外省军队无缘无故砍掉脑壳的成都人竟然多达300名，还有一名只有12岁的女孩被“兵家”掳掠，轮奸之后又惨遭剖腹……像这种令人发指的缩微版的“南京大屠杀”，曾经在民国史上一再上演。

“兵家”没有争夺城市的时候，城市是优于农村的，有钱的农村人为了换一个相对良好的治安环境，纷纷在城里买房定居；可是当“兵家”开始争夺城市的时候，城市却连农村都不如，城里人为了保住妻女、钱财和自己的小命，不得不纷纷向农村逃难。像这种反反复复如同拉锯的城乡之间的大迁徙，也曾经在民国一再上演。民国人做出的总结是：小乱居城，大乱居乡。意思是治安差的时候最好搬到城里，要打仗的时候最好搬到农村，这是个基本规律。

规律也有被打破的时候。当年日本军队攻打北京，一边打，一边在北京周边搞“清乡”，留在农村的老百姓往往被杀被抢，北京城里反倒比农村安全得多。所以在此“大乱”到来之际，北京人不但没有散居到农村逃难，农村人反倒逃进了北京城，以至于北京楼市迅速繁荣起来。就像老舍在《四世同堂》里描写的：“到处人们都谈房，找房，买房，或卖房。房成了问题，成了唯一有价值的财产，成了日本人给北平带来的不幸！”

肮脏的民国

当人类对现实不满，但是又无力改变的时候，往往会走到两条岔道上去：一、展望一下未来，然后憧憬它；二、美化一下过去，然后怀念它。我们中国人喜欢走第二条岔道，例如孔夫子、孟夫子、托古改制的康有为、每个时代的遗老遗少、为“文革”大唱赞歌的21世纪红小兵，以及梦想着穿越唐朝穿越宋朝的很多很多朋友，都跑到了第二条岔道上。

过去当然有值得怀念的地方，但是绝不像我们想象的那么美好。王家卫用镜头讲述老上海，丝质的旗袍、飞沫的红酒、明暗的光影、落寞的男女，还有永远旋转着的老式唱机，仿佛人世间一切高雅的浓缩品都在上海聚会了。如果真的穿越到旧上海，就会发现马路两边到处是违章建筑，黄浦江上来来往往的垃圾船载着人粪尿，江面浊黄，江岸上苍蝇如潮涨。郁达夫怀念故都北平，秋意浓浓，诗意浓浓，一派民国范儿，问题是他没写阴沟堵塞，没写胡同尽头的粪堆，没写每天清早三五成群当街大便的成年男子。听听诗人是怎么说北平街道的：“深沟难得水流通，马足长年踏软红。”什么是“软红”？就是屎。再听听他们是怎么说北平护城河的：“水波浑浊是城河，惹得行人掩鼻过。”水面严重污染，发出阵阵恶臭。

我有个画漫画的朋友，梦想回到维多利亚时代。据她说，那时候男人都绅士，女人都高雅，仆人都勤劳，贵族和中产阶级都非常讲卫生：用鞋油和牛奶擦皮鞋，用没烧完的蜡烛和松节油擦地板，用专用的亮光剂打磨手杖和银碗，让一切用具都闪闪发光。她描述的或许符合事实，可还有一件事她给忘了：正是在维多利亚时代，泰晤士河爆发了著名的“大恶臭事件”，水龙头里流出的自来水像肝炎患者的尿一样黄，像暴晒了两天的死鱼一样臭，整个伦敦被浓厚的腥臭包围着，家家门前都挂着厚厚的帆布，希望遮挡住一部分臭味。

如您所知，现在我们生活在一个喧嚣的时代，大城市拥堵，小城市脏乱，江南严重污染，塞外尘沙漫天，但是再有100年时间冲刷过去，我们喧嚣的庭院也会沉静下来，从肮脏纷乱变得适宜居住，从我们的现实变成后人的神话。

公家的街道

重读费孝通先生的《乡土中国》，注意到以前没有注意的一段话：

> 苏州人家后门常通一条河，听来是最美丽没有了，文人笔墨里是中国的威尼斯。可是我想天下没有比苏州城里的水道更脏的了，什么东西都可以向这种出路本来不太畅通的小河沟里一倒，有不少人家根本就不必有厕所，明知人家在这河里洗衣洗菜，毫不觉得有需要自制的地方。为什么呢？这种小河是公家的。

费先生是江苏吴江人，从十岁起就住在苏州，他对苏州水道的描述肯定不是得自道听途说。不过天下还是有比苏州水道更脏的地方的，那就是北京的街道。

蒋介石夫妇提倡“新生活运动”之前，民国北京可以说是全世界最脏的大城市，那里最大的特色就是市民敢于（甚至是习惯于）在大街上和小胡同公然大便。这个现象由来已久，晚清时日本和尚小栗栖香顶到北京参访并学习汉语，亲眼目睹了北京人当街便溺的壮观景象，他感叹说：“圣人之道在日本国，不在中国。”因为“中国人不知廉耻，在道上，白天里当着好些人出恭”。

抗战前，蒋介石检验“新生活运动”的推行效果，让警察在南京市区突击检查，一天之内抓了50多个随地大小便的成年人，其中竟然还有10多名军人和3名公务员，这说明南京的情形也好不到哪里去。

抗战时，上海难民逃往租界，需要几百个志愿者维持秩序，这些志愿者的一项重要任务就是“杜绝随地大小便”（参见张天翼等的调查报告《战时的后方》，战时出版社1937年版），可见上海人也不太自觉。

至于广州，当街大小便并不蔚然成风，但在1930年收粪工人大罢工的特别时期，人们习惯把便桶里积存的内容偷偷倒在街道上（参见1930年10月4日《越华报》），这点跟苏州是很相似的。

最不能饶恕的是，在大罢工时期的广州，还有人偷偷地把自家便桶里的东西倒进别人家的便桶。于是奇迹频频出现：你一大早提着粪桶送到街边倒净，回来放到屋檐下，吃完饭再出来，咦，怎么又满了？

“黑暗的旧社会”

过去老说解放前是“黑暗的旧社会”，我觉得这话还是很贴切的。

就拿抗战时来说吧，交通受阻，资源紧缺，华南的米不容易运到华北，关外的煤不容易运到关内，沦陷区的日军老是去还没有占领的城市搞空袭，光复区的国军老是去还没有夺回的城市扔炸弹，枪炮声砰砰砰砰地把人心都弄乱了，很多火电厂不得不关门，而水力发电和风力发电又没有推广开，所以电力总是不够，各大城市总是要限电。

1937年日军攻占上海华界以后，限定华界居民每家每月最多只能用15度电；1941年珍珠港事变，日军向欧美宣战，进而攻占公共租界，又限定租界的居民每家每月最多只能用7度电。7度电够用来干什么？一只50瓦的小灯泡，哪怕每天只亮5个小时，用不了一个月也能把用电指标耗完。至于看电视、玩电脑、开空调，别说那时候没有这些电器，就是有，你也没电供它们，除非自己能发电，而自己发电需要汽油或者柴油，这两项资源在抗战时甚至比电力还紧缺呢！所以抗战时期上海人家里都不敢使用大功率电器，连灯泡都用20瓦以下的，而且一家只装一两只，而且早早地就熄了灯，使得广大里弄一到夜间就一片漆黑，进了上海就好像进了农村一样。您说，这不是“黑暗的旧社会”又是什么呢？不光上海限电，南京也限电。日军在南京搞完大屠杀以后，成立了伪政府，这个伪政府曾经限定每家每月用电不能超过5度，后来又减少到3度。3度啊朋友们，柜式空调开上一袋烟时间，你这个月就没有用电指标了。当然，那时候没有柜式空调。也幸亏没有，不然花上万八千买一柜机，等于买个摆设，除了把进气栅板卸下来当搓衣板使，没有别的用途。

再后来，咱们国家的军队搞反攻了，南京的能源输送全给切断，电力更奇缺，伪政府轮番停电，今天玄武区停电，明天鼓楼区停电，后天雨花台停电，

◉沦陷后的上海租界，因为日军限电，一家人只能共用一只灯泡（《中国版画集》第98页，上海晨光出版公司1948年版）

包括灯红酒绿的秦淮河、夜夜笙歌的夫子庙，也跟着轮番停电。记得咱们现代人搞过“全球熄灯一小时”活动，抗战时期的南京人更前卫，人家搞的是“全区熄灯一整天”活动，而且是一区接一区可持续地搞下去，非常之节能。鉴于这个活动是日伪政府让他们搞的，所以我觉得应该给日伪政府颁发一个“节能奖”——你知道我是开玩笑的啦。

抗战时期怎样安电灯

上回说到抗战时期上海和南京限电，倒不是想证明日军和日伪政府可恨（虽然它们确实可恨），只是想说明电力紧缺。

抗战时比电力还紧缺的是石油。民国石油全靠进口，进口来的石油又被优先供应给了飞机坦克，留给民用的少之又少。抗战前，很多有钱人买了汽车，后来他们才发现加油是个大问题，一是油价大涨，加一升汽油等于穷人两个月口粮；二是有钱也加不到油：日伪政府和国民政府都发行过加油票证，凭票加油，不能超限，票证上的加油指标少得可怜，绕城转一圈，一个月指标没了。所以民国的私家车主改车成风，纷纷把汽油车改成用煤炭做动力，或者用木炭做动力：发动机装在车座两面，带个又大又笨的蒸汽炉子，点火之前提前半小时把炉子生着，行驶之时浓烟滚滚，好像自焚。

由于用电难，用油更难，民国人给新家购置灯具的时候就得考虑这些问题。中石油“天价吊灯”之类的豪华灯具肯定没人买，50瓦以上的普通灯泡也没人买，大家只买瓦数低的。带玻璃罩的新式煤油灯也开始复古，被改成秦汉时代的灯碗，灯碗里不加煤油（不容易买到），只加土产的豆油、棉油、菜籽油或者蓖麻油，里面浸一根长长的双股棉线做灯芯。这种灯碗灯光昏暗，还容易熏黑天花板，但照明问题毕竟解决了。

早在晚清时期，上海租界主要使用瓦斯灯照明，后来租界当局设立电厂，铺设电线，用电灯替代了瓦斯灯。抗战时限电，就有人提议恢复瓦斯灯。又有人说：瓦斯是用煤制造的，煤那么短缺，上哪儿找煤去？不如发展沼气灯，用人粪尿生产沼气，再把沼气输送到各家各户照明。这个方案极好，可惜时逢战乱，当局无心改良市政，没有采纳。

附带说一句，我个人对沼气是很感兴趣的，我觉得要是能用沼气给汽车做

◉抗战时的油灯

动力，肯定比用汽油和天然气划算，石油和天然气由于垄断经营而售价太高，沼气则不会出现这个问题——中石油中石化能垄断石油，总不能连制造沼气的粪尿也垄断了吧？

抗战时期怎样选窗帘

抗战时限电，除了因为电力短缺，还有军事方面的考虑：城区灯火通明，容易给夜间来袭的敌方战机提供目标。所以空袭频繁的时候，无论日军、日伪政府还是国民政府，都会搞灯火管制。像安徽省会安庆（现在安徽省会改成合肥了）遭受日机第一轮空袭以后，驻守的国民党军队立马“禁明”，也就是不许亮灯。再比如重庆方面的飞机到沦陷后的上海搞侦察被日军发现，日军赶紧“宵禁”，一过晚上9点，街上不许有人（确有急事出门，需要提前向日本宪兵队申请特别通行证），窗外不许透光，马路上的霓虹灯全部熄灭。

安庆是小地方，市民过惯了日出而作日落而息的传统生活，容易适应禁明的日子。上海人可就难了，谁家晚上9点就熄灯睡觉啊！特别是阔家大少和舞场小姐，一向过惯了夜生活，夜里要是不喝酒不叫局不跳舞不看戏，时间长了会疯掉。可是喝酒叫局跳舞看戏都需要有光，日本兵又不让透光，怎么办？只有在门窗上打主意，挂一道厚厚的、不透光的、色彩灰暗的窗帘，把窗户遮得严严实实，屋里烛光晚餐，屋外漆黑一片，让日军看不出来。在上海陷落的那段岁月里，暗色调的窗帘一向比亮色调的卖得快，就是因为这个原因。

老上海贫富悬殊，买得起窗帘开得起Party的都是有钱人，穷人不开Party也不买窗帘，如果夜里需要加班加点赶生活，就在窗户上糊黑纸。黑纸不透光，虽然没有窗帘好看，也能起到跟窗帘一样的遮光效果。只是黑纸糊上去之后难揭掉，白天影响采光，所以又有一些居民用破床单当窗帘。床单一般都是白的，白色不易遮光，还得买颜料把它染黑。那时候上海人外出逃难的不多（众所周知，上海人最喜欢“宅”，即使发生战乱，也觉得哪里都不如上海好，出门一里，不如家里），沦陷期间常住人口仍然超过400万，即使其中100万人用颜料染床单，也需要购买大量颜料。抗战时上海颜料商大多暴富，就是因为这个原因。

跟袁世凯学隐居

有人在微博上写山村生活："夜晚归来农舍，看见山上挂着一轮缺了边儿的月亮，淡黄色，软绵绵。桂花落了，苦瓜摘了，一个人在山道上漫步，夜风清凉，感觉到岁月静好现世安稳。"

此微博一出，很多朋友心向往之，闹着要去山里隐居。我评论说："山里生活挺好，可是需要俩前提：一、天天住农舍，可别天天干农活儿，因为农活儿是很重的，假如亲自下田并且靠此为生，能把你所有的诗意全给赶走，哪有闲心看月亮；二、交通得便利，能开车回家，不然出门得骑驴，故人满京洛，何日复同游？憋不死你。"

我说的道理，有两个人一定能理解，一个是武侠人物黄蓉，另一个是政治人物袁世凯。黄蓉小时候住在桃花岛，碧海银沙，绿树黄花，生态环境完好，桃花影落飞神剑，碧海潮生按玉箫，幽静到了极点，雅致到了极点，够"岁月静好"了吧，她偏要离岛出走，为什么？就是因为通讯不便，交通不便，茫茫大海一孤岛，不通班车。更要命的是，岛上连一商场都没有，对广大女性隐居者来讲，这个问题绝对是致命的。

有没有既安静又便捷的隐居地呢？有。当年袁世凯在河南安阳隐居时，住的是农村，安静；离安阳市区也不远，便捷。这也是唐朝秃驴皎然常说的置业标准："移家虽带郭，野径入桑麻。"靠着城市住，又能看见田野，兼具城乡之优势。

光是选址没什么出奇的，袁世凯还雇人挖了一条渠，把漳河水引到他的花园里，流水淙淙，不出门就能看到小溪；还让两个营的护卫马队驻扎在附近，以便防盗防匪；还专门修了一条公路，把交通变得更便捷；甚至还弄了一个电报房，随时能了解国家大事。

您可能会说：都隐居了，不需要了解国家大事。这是对隐居的误解，隐居是为了置身事外，让身心得到休息，而不是要闭目塞聪。即使您对国家大事没兴趣，也一定需要跟外面的朋友交流不是？所以隐居是离不开通讯设备的。

咱们不可能像袁世凯那样开水渠修公路以及让大队人马做保镖，不过最基本的准备工作还是少不了的，比方说，你得攒下一笔钱，以便将来隐居的时候可以看着山民劳动，你在旁边歌颂劳动之美。顺便说一下，这才是真正的隐居之乐。

保姆的外快

鲁迅在北京买房以后，雇了保姆，每月开给人家两块大洋的工资。当时一块大洋在北京的购买力，相当于人民币120元。若干年后，沈从文跟张兆和在北京结婚，也雇了一保姆，每月开给人家4块大洋的工资，当时一块大洋在北京的购买力相当于人民币80元。

用这么低的工资雇保姆，搁今天是不可能的，在民国却很正常。著名作家流沙河小的时候，成都保姆的月薪在500文（制钱）到800文之间，而一个铜制的脸盆架就卖到800文。在1936年的重庆，保姆的月薪一般是3元（法币），而纺织厂的熟练女工却能拿到12元月薪。在1943年的上海，一个负责洗衣做饭带孩子的宁波籍保姆月薪不到10元（中储券），而从宁波乘坐乌篷船到上海的单程路费就要5元。

可以这样说，民国保姆的工资不但比现在的保姆低得多，也比她们那个时代其他工种（例如纺织厂女工）的工资低得多。但偏偏有大量的农村妇女涌进城市当保姆，除了敌机轰炸的特殊时期不易雇到保姆外，整个民国的保姆市场一直处于供不应求的状态。

这里面有两个原因。第一，民国农村经济萧条，务农的收入非常低。在苏北农村，五口之家租种20亩地，哪怕风调雨顺，一年的纯收入也不上15块大洋，进城做保姆的收入比这高一倍不止。第二，做保姆除了工资，还有外快，上街买菜可以报花账，客人来了可以收小费，逢年过节还能拿到雇主发的红包（除非雇主特别小气）。

曾经跟张爱玲齐名的女作家苏青写的自传体小说《结婚十年》，其中有一段场景，说某女士端午节回娘家，赏给娘家的保姆林妈两块大洋，后来离开娘家的时候，林妈出来送，又得到10块大洋的奖赏。这个保姆林妈，一个月工资只有两块大洋，而小姐回一趟娘家，她就赚了12块大洋，所以“笑得合不拢嘴来，想绷脸装出惜别之状，却是不能够”。

由此可见，民国保姆的收入跟现在的官员一样，工资虽然很低，外快却有很多。

汪精卫的龙脉

满学会会长阎崇年先生把研究对象变成自身偶像，把做学问变成做礼拜，崇拜康熙到了无以复加的地步，夸他聪明绝顶，智慧超群，崇尚科学，摈弃迷信，胸怀宽广，勤政爱民，总之就是一完人，堪称“千古一帝”，堪为万世师表。

我不这么看。在我眼里，所有的极权者身上都散发着人渣的气息，康熙也不例外。不信您翻翻《大清圣祖实录》，翻翻《康熙起居注》，翻翻《八旗通志》，一定能发现康熙亲政后在华北村镇的强制拆迁和暴力圈地，以及对福建泉州乌屿桥村全村村民的野蛮屠杀。另外康熙还迷信风水，某神汉谣传北京城郊的砖瓦窑场压了龙脉，不利于皇帝的健康，康熙竟然信以为真，要求德胜门外33座窑场在一个月内拆毁填平，导致砖瓦紧缺，建筑成本升高，北京房价大涨。

有人说：“风水是一门科学啊，怎么能叫迷信呢？”风水是科学还是迷信，这个问题在一篇不到千字的短文里面是很难掰扯清楚的，而且我觉得按照我们人类与生俱来的智慧缺陷，这个问题恐怕永远也掰扯不清楚。

容我举个例子。抗战期间，汪精卫挂了，他老婆陈璧君和一帮日伪官僚给他建墓，完了请风水师去看。风水师说：“墓碑的朝向有毛病，不利于家属，但是对接班人很有利。”陈璧君是家属，主张马上调整墓碑；而陈公博是接班人，主张最好维持原状。俩人争持不下。很快抗战胜利了，陈璧君和陈公博都被抓了起来，结局都不怎么样。

我想请问：风水要是科学的话，汪精卫的墓碑又没有改动，倒霉的自然是陈璧君，而不会是陈公博，为什么俩人都倒了大霉呢？我猜力挺风水的一派会这样反驳：“风水没有错，错的是那个风水先生，他学艺不精，信口雌黄，好比不会开车的人把一部好车开进了沟里，你只能说司机不会打方向，不能说方向盘有问题啊。”

按照这个逻辑，当年谣传京郊窑场压龙脉的那个神汉就很高明——康熙听取他的意见强拆了一批窑场，果然保住了龙脉，果然活得很健康。进一步说，康熙那么早就相信风水是门科学，果然是“千古一帝”。

健忘的蝗虫

末代皇帝溥仪在天津租房时，东北王张作霖也住在天津。有一天，溥仪去拜访张作霖，发现张作霖的府邸虽然富丽堂皇气派十足，客厅里却落满了苍蝇，他们亲切会谈的时候，一大群苍蝇就在旁边嗡嗡嗡地乱飞，好像狗仔队似的。溥仪忍不住说："上将军（袁世凯做大总统时，张作霖被封为'上将军'），贵府这些苍蝇在租界里可见不到啊！"

溥仪没有夸张，租界的卫生是比华界好得多。在租界区，马路平整，街道整洁，居民不随地吐痰。在租界以外，马路崎岖，或者连马路都没有，街角上堆着垃圾。尤其北京和天津这两座老城，公共厕所极少，早上起来当街大便的成年男子多如过江之鲫。那时候溥仪住在天津的日租界，居民讲卫生，看不见

◉难民逃入租界导致旅馆客满（《江浙直丰血战画宝大全》贞集第11页，上海战事写真馆1924年版）

苍蝇；而张作霖住在租界外面的曹家花园，大多数人不讲卫生，所以不得不跟苍蝇打交道。

租界比非租界干净，治安上也比非租界强，所以租界以外的中国人都喜欢往租界里涌。涌进去的人多了，租界变得拥堵起来，“把这里塞得满满的，甚至于连楼梯底下都有人愿意付租金”（这话是溥仪说的）。那些早一步在租界安家的“土著”开始表示不满，骂后来的移民“神经脆弱”、“极不文明”、“卫生情况殊为不佳”，或者从人格上去贬低他们，说他们“身价够不上进租界”。我觉得，那时候租界居民对华界移民的排斥感之强烈，就像现在香港人把那些为了让下一代成为香港居民而想方设法到港分娩的大陆人说成是“蝗虫”一样。

民国的租界居民和今天的香港土著都缺乏同一个常识：趋利避害是人之常情，舍苦就乐乃天赋人权。民国时想从华界居民变成租界居民，现在想从大陆人变成香港人，都是无可厚非的社会本能，凭什么骂人家是蝗虫呢?

再说了，现在所谓“土著”，无非就是先到的移民，如果现在移民香港的大陆人是蝗虫，那么今日香港土著的父辈或者祖父辈刚刚到港的那会儿又是什么？怕也是蝗虫吧？而且还是健忘的蝗虫。好比挤公交，有些乘客怕后上车的踩了脚，堵着车门不让进，连催司机快走，却忘了两分钟前他自己还在车下大叫开门。坦白说，这样做不仅是健忘，还有点儿无耻。

官失而求诸黑社会

1941年，日本人驱赶英军，占领香港，出动飞机狂轰滥炸。住在香港的英国人怕被日军杀害，撤到澳大利亚。日本侨民害怕被英军报复，返回日本老家。香港土著也跟着撤离，有的逃到马尼拉，有的逃到檀香山，有的逃到美国，有的举家往巴西搬迁。照理说，时局如此之乱，逃离者如此之多，居住成本肯定要降，可是不然，大批难民出逃的同时，又有更多的难民涌过来——那时候中国大陆也正遭鬼子蹂躏，上海人以为香港有大英帝国罩着，沦陷时间不会太长，于是携家带口走香江，把空白填补上了。另外西南联大的学生和教授从北方逃亡到昆明，需要绕道香港，战事一紧张，到了香港就走不掉了。所以在日军占领的那三年多时间里，香港的总人口并没减少，住房需求仍然旺盛，房租房价仍然坚挺。

◉颜惠庆

对某些房客来说，沦陷期间的居住成本比沦陷前还要高——除了要付房东租金，还得请黑社会做保安。因为警察系统已经瘫痪，治安坏到了极点，遭了抢劫也没人过问，为了住得安生一些，大家集资请黑社会护驾，一家交100港元，晚上就有四五个打手过来看门。

曾经做过北洋政府国务总理、国民政府驻俄大使，解放后任全国政协委员的颜惠庆老先生就有类似的经历。他说，黑社会不像官员那样渎职，他们有组织有纪律，拿人钱财就替人消灾，“付了保护费，强盗真的不来光顾了”。

您可千万别说颜老先生觉悟低，这里面是有历史规律的。《水浒传》里梁山好汉打家劫舍，官兵没本事抵挡，祝朝奉只好自办团练。明朝时倭寇肆虐江浙，商船动辄遭劫，政府要钱要粮却不出兵，商家只好雇海盗护航。我三姨妈的老家建化工厂，经政府之手强征耕地，一亩只补27000元，村民不服，上访被打，堵路被抓，就铤而走险，雇人绑架招商局长。

过去孔夫子常说“礼失而求诸野”，他是站在士大夫的立场上说的，在小百姓看来，“礼”失不失不要紧，安全感和财产权才是根本诉求，要是从官方那里求不到这些，就只能从黑社会那里得到，这叫“官失而求诸黑社会”。

民国不流行买婚房

限购以后，楼市降温，开发商的日子不好过了。我一个卖楼的学妹说，把她今年卖掉的房子加一块儿，还比不上过去一个月的出货量，售楼部整天冷冷清清，领导不在的时候，她们就靠打扑克消磨时间。市面上买房的人还是有的，不过都是刚需族，以即将结婚的小年轻为主。不信您到售楼部转转，围着沙盘指指点点的都是挽着胳膊的姑娘小伙，旁边提着皮包等待付款的都是那些准公爹准婆婆准岳父准岳母。夸张点儿说，正是“有房才能结婚”的社会习俗撑住了中国大陆摇摇欲坠的房地产市场，不然开发商早跳楼了。

为什么结婚之前必须先买房呢？报纸上一个“营销专家”解释说：安居才能乐业，没有房子不踏实，这是中国人几千年来的传统。

这些“专家”老是这样，动辄“有史以来”怎样怎样，“自古以来”如何如何，把一时观察的所得，拔高为永恒的真理，把最近几十年才有的现象，放大成“几千年来的传统”。我们中国有很多传统，但绝对不包括“结婚必须买房”这个所谓的传统。安居才能乐业，这话没错，可是不表示必须拥有自己的房子，至少在最近一千多年里，中国人求的只是有房住，而不是有房子。

唐朝很多市民租住私房，宋朝很多市民租住公房，明朝很多官员一直到死都住在衙门大院，清朝房改之前绝大多数旗民对房屋只有使用权没有所有权，关于这些，诸位都可以在拙著《千年楼市：穿越时空去古代置业》里找到答案，恕不细谈。就是在离我们很近的民国时代，完全买得起房的人也往往选择租赁而不是购买，结婚买房的风气当然更没有形成。

当年鲁迅和许广平结婚，是租的房子；沈从文和张兆和结婚，是租的房子；冰心和吴文藻结婚，是租的房子；徐志摩和陆小曼结婚，是租的房子；郭沫若这个“海归”带着老婆孩子回国定居，也是租的房子。他们不完全是买不起房，更多的是不愿买房。在那个时代的人看来，租房更自由，更方便。那时候的社会上，也没有现在这些势利眼，一听说还在租房，就以为人家钱包太瘪。段祺瑞还租房呢，吴佩孚还租房呢，末代皇帝溥仪从紫禁城里出来也租过房子，你能说人家钱包太瘪吗？

蒋介石的婚房

上回说民国不流行买婚房，还举了几个名人做例子。可是有一个反例我没有提：蒋介石和宋美龄结婚的时候，在上海买了一所别墅做婚房，后来蒋介石还给它取名叫“爱庐”。

应该说，爱庐不是蒋介石的婚房，而是宋美龄的嫁妆，因为它是宋子文买的，宋子文听说妹妹要结婚，送了一所别墅做陪嫁。你瞧，民国人跟我们就是不一样，我们的姑娘出嫁，都是问男方要房子，男方要是没房，砸锅卖铁赶紧买，要是砸锅卖铁都买不起，那就吹灯拔蜡，拜拜了您哪！宋子文作为娘家人，不催着男方买房，倒送了一所房子过去，简直就是活雷锋。

当然，咱们也可以拿今人之心度古人之腹，说宋子文是在巴结蒋介石，

◉蒋介石夫妇在重庆（美国《生活》杂志摄影师Carl Mydans摄于1941年）

◉蒋介石及其副官（《内战结束的前夜》第102页，广西师范大学出版社2009年版）

或者是想让妹妹在蒋家更有面子。我身边就发生过类似的故事：某工头在河南新密承包煤矿成了大款，把女儿嫁给矿务局局长的大公子，陪送了郑州北郊邙山上一套叠拼别墅做嫁妆。该工头这样做，可能是为了巴结当官的亲家，也可能是为了让女儿在婆家站得住脚，或者两种目的兼而有之，看似赔了女儿又折房，实则一箭双雕，划算之极。

我有个朋友在北京做编辑，老公是出租车司机，两口子收入都不算高，勤俭半辈子攒下一笔钱，先在北京城里给还在念初中的独生女儿买了房子。我说："买房子是男方的事儿，你们急什么啊？"她说："有这套房子做我们家姑娘的陪送，婆家人肯定不敢给她气受。"她的意思是说，只要房子登记在女儿名下，未来的女婿和亲家母就都属于寄居者，敢跟我女儿挺腰子，撵丫出门！现在只要一个女儿的家庭俯拾皆是，还真有不少人在给姑娘准备房子，这不是为了巴结任何人，只是为了让女儿在婆家有地位，一片拳拳爱女之心，可笑也可敬。

又想起宋朝大奸臣秦桧和媳妇王氏吵架，王氏（传说是李清照的表妹）把嫁妆单子摔到秦桧脸上："我嫁到你们家，带了二十万贯，有什么对不住你的？"（参见《三朝北盟会编》卷142）秦桧立马服软了。这个故事告诉我们，经济基础果然决定上层建筑，经济地位果然决定家庭地位。

老房子和面子问题

维多利亚时代的英国人是最讲面子的，凡是贵族或者想要成为贵族的新兴中产阶级，不管家里有多穷，必须雇上至少一个女仆，不然会被视为丢身份。除此之外，男人出门得拎手杖，女人出门得戴手套，不管平日出不出门，都要置上一辆私人马车。家里来了客人，一定要用绿茶或者红茶而不是咖啡和啤酒来招待，因为那时候茶叶很贵，喝茶才能摆谱。住的房子越古旧越好，最好能在乡下有一古堡，古堡的楼梯上挂满历代祖先的肖像画，让人边上楼边赞叹："哇塞，你们家的历史真悠久！"简言之，女仆、马车、手杖、手套、茶叶、古堡……都是贵族保持身份的必要元素。你只有具备这些元素，别人才会由衷夸你一句"respectable"（值得尊敬），要是不雇女仆不置马车不拎手杖不戴手套不泡茶叶不住老宅，不管你多么有钱，都会被讥笑为"nabob"，意思是在印度殖民地发财的暴发户。我估计这个词儿跟今天北京人嘴里的"山西煤老板"在褒贬色彩上差不了多少。

在咱们现代人心目中，除了不为居住只供旅游的所谓"故居"，房子当然是越新越好，不信您到二手房市场上打听打听，同样户型同样面积，1990年建成的房子肯定没有2010年建成的贵。可是古人不这么看，古人讲究门第，讲究家世，一所从曾爷爷那辈儿传下来的宅子，只要不塌不漏，绝对比新建的宅子受欢迎。如果祖辈再有人做过官，大门上的大匾是某个皇帝的题字，那就更妙了。晚清北京媒婆给女方介绍男方住所，决不提砖瓦有多新，偏夸石狮子有多旧，因为石狮子越旧，越证明那户人家发得早。当时还有谚语："树小房新画不古，无人不知内务府。"指的是内务府工作人员当中出来的暴发户比较多，住的都是新盖的房子，没有品位。可见当时国人的审美观跟维多利亚时代的英国人一样。

也不知怎么的，这种审美观到了民国就突然变了。民国人求新，新户型新样式，新门窗新家具，楼房比瓦房贵，洋房比中式楼房贵，小天井窄过道的石库门比天广地阔的四合院贵，开发商在报纸上打广告，着重突出“新造房屋”，如果按“前清老宅”去宣传，恐怕无人问津。

第六章　民国的房荒

那时候，买房难发生在每一个大中城市，上海、北京、天津、广州、汉口、杭州、昆明、宁波……无一不在闹房荒。而1944年6月23日《新民报》刊载张恨水的文章说：“所谓房荒，只是荒了大多数人，却有极少数人反有房多照顾不过来的痛苦。”

民国蚁族

沈从文在小说里写过民国时代一对夫妻，男的中国政法大学毕业，在上海某机关做小职员；女的北京女子师范大学毕业，专职做家庭主妇。

这女的本来也有工作——在学校教书，后来生小孩，把工作辞了。这对夫妻不知道节育，一胎接一胎地生，一连生了四个。孩子一多，家务更忙，妻子更没法上岗了，一家六口人，俩大人，四个小孩，全指着男人的薪水过日子。

男人每天坐班写公文，一个月能挣60块大洋，按购买力折成人民币，至少相当于三四千块。三四千块不算高，但总在贫困线以上，节省一点儿的话，一家人哄报肚皮绰绰有余。问题主要是住，他们住在上海，却不是上海土著，用

◉《毕业就失业》（丰子恺《子恺画集》，开明书店1927年版）

老上海最欠揍的话说，小两口是从“乡下”来的，在上海没老宅，又买不起房，只能租着。

他们租的是一间公寓，那间公寓被二房东从中间隔了一张木板，一间变成了两半间，南边那半间住他们一家六口，北边那半间住着一个小有名气的自由撰稿人（其实就是沈从文本人）。

六口人住半间公寓，过日子肯定不太方便。就拿大小便来说吧，房间里没有洗手间，楼下也没有公共厕所，这家人只能用一只废油漆桶来解决问题。每天下午垃圾车或者挑粪工人一来，女主人就提着满满当当一大桶往楼下走，楼道里顿时臭气四溢。

像这样简陋的住所，二房东狮子大开口，每月居然收13块大洋的房租。男人月薪60块，刨去吃饭，刨去给小孩买洋奶粉的钱，刨去水电费和其他日常开销，再也剩不下什么钱了。所以这对夫妻结婚八年，一直没有存款，一直没买下房子。

既然上海房价这么高、房租这么贵，干吗还在上海待着，回“乡下”去不行吗？像这种建议，去年杨澜委员也提过，可惜不顶用。倒不是“蚁族”们不听劝，而是因为地区发展极不均衡，“乡下”居住成本虽低，却没有上海那样的高薪岗位、发展机会、基础教育和治安环境。譬如沈从文小说里那对小夫妻吧，他们住得再挤也不会离开上海，以免四个小孩享受不到好的教育。

活死人公寓

1998年，我高中毕业，在工地上刷涂料。那时候工头管吃不管住，甲方和建筑公司又怕民工偷东西，不让住在工地上，我们这些小工只好掏钱住旅社。那家旅社条件很差：三间大客房全部打通，房间里除了两排木板和一只马桶以外什么都没有。我们睡在木板上，底下铺稻草，上盖白被单，秋夜害冷，个个蒙头，不明真相的人进去一瞧，还以为进了太平间。上厕所倒不用出门，大伙轮流在马桶里小便，搞得房间里臊气冲天。

当时我住这样简陋的旅社，心里颇有不平，想起金庸小说里小龙女住的活死人墓，就给那家旅社取了个外号：活死人公寓。

最近几年读民国报刊，翻到1948年4月18日的《申报》，才知道民国天津还有更加简陋的活死人公寓。《申报》上说，天津城里有一种廉价旅社，也是客房三大间，中间打通，不过连木板都不铺，旅社老板沿着东西南北四面墙根儿各挖十几个大窟窿，晚上民工来住，把身子顺到窟窿里，头留在外面，小伙计拿着大铲往窟窿里填沙子，填实之后，再把留在外面的脑袋埋上，只留口鼻在外。这样睡觉相当危险，起“床”时得摇耳朵倒沙子且不说，有那睡觉不老实的哥们儿，梦里一个蟒龙大翻身，沙子灌进口鼻，顿时呼吸困难窒息而死，到了天明，小伙计就得往外抬尸体，这才叫“竖着进来横着出去”，一大活人就这么睡死了。

我当年住进“活死人公寓”，不是觉得好玩儿，而是为了省钱；民国时天津民工每晚被沙子活埋，也不是因为他们发神经想体验生活，而是因为没钱，租不起房子，也住不起像样的旅社。你知道，民国中后期的天津是大城市，又有租界，前清遗老和下野军阀都拿这座城市当世外桃源，许多有钱人纷纷来定居，搞得天津人口骤增，房租陡涨，广大农民工和市井贫民只能望房兴叹，白天卖命换饭吃，晚上掏两个大子儿，让旅社的伙计把自己埋进沙子里防寒保暖。

也就是说，现在买房很难，民国时买房更难；现在的民工住活死人公寓，民国的民工只能住条件更差的活死人公寓。当我对现状有所不满时，一想到这些，不满立马减少，这就叫阿Q式的精神胜利法。

但我又必须警惕这种精神胜利法，因为它只能麻痹精神，不能改进现状。同时我们还必须要警惕那些劝告我们乐天知命、学会感恩的所谓精英，因为这些劝导别人安住蜗居的人本身都不住蜗居，正如整天歌颂劳动之美的人自己都不劳动。

窝棚包围城市

1997年，高中二年级暑假，我进城打工，白天往楼上扛涂料包，晚上在工地“看场”，也就是看守建筑材料，别让其他民工偷走卖钱。既然是看场，肯定不能睡在屋里，得在工地上露天搭一窝棚。那窝棚很简单，弄一堆空心砖铺在泥地上，砖上再铺一层稻草把潮气隔开，然后离地三尺架起木棍，木棍外面蒙上草苫子，向阳的一面留出一门，门后藏两把铁镐防身，这就是我的“家”了。这个“家”只能挡夜露，不能挡蚊虫，更不能挡暴雨，所以要论居住舒适度的话，农村老家虽然穷苦，跟这儿比也算是天堂了。那位说了：“既然你老家是天堂，你干吗不滚回老家去？”这事情得两面看，在老家住瓦房舒服，没人给钱；在工地睡窝棚不舒服，却能领到工资。既然有工资可领，那还是继续睡窝棚吧。

有1997年这段住窝棚的经历打底，我很容易就能理解民国农民工的居住状况。

你知道，民国农村还不如现在的农村，那时候天灾很多，兵祸更多，派军

◉男人都进城谋生了，贫瘠的乡村只剩妇孺（《中国版画集》第22页，上海晨光出版公司1948年版）

◉留守农村的老太（《中国版画集》第24页，上海晨光出版公司1948年版）

粮的，抢牲口的，拉壮丁的，散兵游勇绑架小孩的，种种恶行在大江南北俯拾皆是。此外土匪横行，税捐名目又多如牛毛，搞得老百姓种地不如撂荒，在家不如进城，大批农民携家带口成群结队涌进城市找饭吃。

现在农民进城，一般是离乡不离土，在城里打工的同时，还都惦记着老家那几亩地，一到农忙还得回去；民国农民进城，则是既离乡又离土，田地扔了不种（种了更赔本儿），一家老小十年如一日在城里待下去，或进厂，或拉车，或拾荒，或偷窃，用他们力所能及的手段去挣养命的钱。他们当中的绝大多数家庭在城里买不起房子，也租不起房子，解决居住问题的最主要渠道就是自己搭窝棚。

我有幸在民国报纸上见到过他们的窝棚，各种样式的都有，有的建在臭水河边，有的建在垃圾场上，有的建在背街小巷，但是都有一共同特征：逼仄、昏暗、潮湿、居住不舒适，就像1997年我住过的窝棚一样。

我手头有两组数据：在上个世纪30年代，涌进南京讨生活的农民工有37万人，其中25万人住在窝棚里；在上个世纪40年代，涌进上海讨生活的农民工有130万人，至少100万人住在窝棚里。他们的窝棚见缝插针，跟邻近的高楼大厦

◉拾荒的父子（《中国版画集》第13页，上海晨光出版公司1948年版）

形成了巨大反差，显而易见影响市容。但是生存比市容更重要，由于农村生存资源的极端缺乏和中国都市的畸形繁荣，农民工们不得不用他们搭建的窝棚包围了城市。

谁对谁犯罪

民国农民工大量涌进城市，自建窝棚长期定居，给城里人带来了一些麻烦。

第一是卫生上的麻烦。农民朋友过日子不讲究（事实上也没条件讲究），在城里讨生活的时候，仍然延续着他们农村老家的旧习惯，随地吐痰，随地大小便，随地倾倒垃圾，把他们自己的窝棚弄得很脏，也把他们出入的公共社区和公共街道弄得很脏。为了增加收入，他们还在窝棚旁边养鸡养猪，鸡在垃圾场上刨食，猪在垃圾场上拱食，鸡粪猪粪没人收拾，雨水一冲污水四溢。最可怕的是传染病，小孩子得了霍乱没钱医治，一个窝棚的小孩病危，所有窝棚的小孩都病危，连带着把霍乱传染给附近的城里人。

第二是治安上的麻烦。农民工大多抱团儿，福建人跟福建人的窝棚连在一起，安徽人跟安徽人的窝棚连在一起，有福同享有难同当，就跟帮会似的，

◉城里的乞讨者（《中国版画集》第29页，上海晨光出版公司1948年版）

◉上夜班的芦柴棒（《中国版画集》第46页，上海晨光出版公司1948年版）

两个来自不同地方的民工要是闹点儿纠纷，很容易就能演变成两个省份之间的民工大械斗。流血事件频繁发生，吓得附近的居民也过不了安生日子。这且不说，有些素质不高手脚不稳的家伙还偷窃，在工地上干活儿偷钢筋和铁扣，在街上打扫卫生偷窨井盖子，老太太背着大麻袋捡煤核，青天白日能把人家摆在门口的铅皮马桶装麻袋里顺走。那时候铅皮很贵，转手卖给废品收购站就是几角大洋，够全家老小吃上几顿饱饭了。1923年10月4日《上海民国日报》“觉悟”副刊发表某上海土著文章，抱怨农民手长，搞得上海人“打呵欠都要提防割舌头”，指的就是外来农民工当中搞小偷小摸的太多。

第三是火灾。窝棚多用竹木和芦席搭就，很容易点燃，而且窝棚跟窝棚大多相连，成千上万家聚在一个地方，不小心就弄出大火灾来了。用民国教育家陈金镛的话说：“一家失火，灾及全市，一人患病，祸延众人。”窝棚给整个城市埋下的安全隐患是很大的。

鉴于农民工带来了这么多麻烦，所以城里人大多不喜欢农民工，还有参议员呼吁市政府定期来一次大清理，让农民从哪来的回哪去，其理由是农民工违法犯罪的比例太高。但是那些城里人和那个参议员却忽略了城里人对农民工的犯罪率有多高，忽略了城里的工厂用低工资和高强度劳动残忍压榨着多少从农村来的“芦柴棒”（夏衍《包身工》里的人物，咱们在中学课本上学过），忽略了城里的官员和开发商强拆了多少民工子弟小学。

人人都会穿墙术

上大学时为了打工方便，我在都市村庄租房住。就我个人所见，但凡都市村庄的房子，那质量都不敢恭维：地基很浅，墙体很薄，刷墙的涂料就跟头皮屑似的容易脱落，楼道里的灯又是声控灯，得高喊一声才能照明。夜里10点我从打工的地方回去，对着黑魆魆的楼梯口咳嗽，灯不亮；喊一声，还不亮；猛跺一脚，楼上簌簌落下尘土，房东在屋里叫起来：“当心楼塌！”我拼命回答：“晓得啦！”这下灯亮了。后来我在怀里揣一面铜锣，夜里上楼猛敲一声，哐，底层的灯亮了；再敲一声，哐——二层的灯也亮了。这样敲锣很不雅观，但可以避免把嗓子喊破。

都市村庄的建筑质量如此之差，住起来肯定既不安全也不舒适，不过我觉得这个问题应该从发展的角度看——比起民国时代的贫民窟来，咱们的都市村

◉黄包车夫跟外国乘客讨价还价（《内战结束的前夜》第120页，广西师范大学出版社2009年版）

庄简直就是天堂了。

话说民国中后期，农村普遍破产，城市畸形繁荣，成千上万的农民涌进城市找饭吃，他们进城之后，不管是当建筑工人，还是进厂做工，或者是去拉黄包车，收入都很低，所以买房是奢望，租房也困难。譬如在民国二三十年代的上海吧，楼梯旁边一个七八平方米的小小亭子间，月租竟然涨到9块大洋以上，而当时全上海黄包车夫的平均月收入才刚刚达到9块大洋，你让他租房，他只有去喝西北风。租不起怎么办？只能住贫民窟。

那时候，南京下关、上海闸北、广州东郊青菜岗、重庆解放碑后、杭州甘露寺前、青岛台西镇海滩、汉口府西二号路……都涌现出一眼望不到边的贫民窟。像今天上海市天目中路以北、大统路以西，早先有一块占地90亩的垃圾场，当时从苏北到沪谋生的农民从家乡运来毛竹、芦席和篾片，把毛竹烤弯，插在地上，搭出一个半拱形的架子，上面盖上芦席，周围捆上茅草，向阳的一面割出门来，地上铺块烂棉絮，就是一家人的住所。这种简易窝棚俗称“滚地龙”，高度仅到成年男子的腰部，进进出出必须深弯腰，夜里回去瞧不见入口，一不小心就会穿墙而入，跟学了穿墙术似的。

据说有个住“滚地龙”的民工跟人有仇，晚上正靠着茅草墙吃饭呢，突然被一把长刀扎了个透心凉，原来他的仇人站在墙外给他来了一刀。如果您不了解当时贫民窟的建筑结构，肯定会以为这是武侠小说里的情节。

又被平均了

遥想当年，鲁迅把母亲鲁老太太和原配夫人朱安接到北京定居以后，雇了几个老妈子：一个王妈，一个潘妈，一个胡妈。王妈专职侍候鲁老太太，潘妈专职侍候朱安，胡妈负责买米买菜。鲁迅给三个老妈子的待遇是管吃管住，每人每月两块大洋。可是您可千万别说鲁迅小气，那时候农村破产，农民挨饿，农村妇女进城找活儿，只要管吃管住，一个月一块大洋都有人干。

还记得中学课本里收录的鲁迅的那篇小说《祝福》吧？祥林嫂在鲁镇当女佣，淘米洗衣烧火做饭打扫卫生什么都干，一年薪水不过“12块鹰洋”（鹰洋是墨西哥银币，晚清时已经在中国广泛流通，购买力接近“袁大头”），还没有王妈、潘妈和胡妈的收入高呢，“然而她反满足，口角边渐渐的有了笑影，脸上也白胖了”。

那时候鲁迅的月薪是多少呢？他在北洋政府的教育部里做佥事，职权略低于现在的处长，在五四运动那年的上半年，每月300块大洋的工资雷打不动。同

◉即将饿死的农妇（《中国版画集》第26页，上海晨光出版公司1948年版）

◉鲁迅与祥林嫂（已故美术家刘岘先生作品）

时他还给《晨报》写专栏，给商务印书馆译书，给北京大学和北京女子师范大学讲课，他的工资加上稿费、版税、讲课费，每月至少有500块大洋，是他们家保姆月薪的250倍不止！假如那时候某个大学搞个什么破课题，调查城市居民的平均收入，或有意或无意地以鲁迅家为样本，那么好，本来月薪只有两块大洋的王妈、潘妈、胡妈都发了——她们仨跟鲁迅一平均，月收入从两块大洋变成了120块大洋还要多。然后调查报告出炉了：北洋政府领导有方，人民收入飞速增长，接近或者超过了发达国家。那三个老妈子见了这个调查报告，如果不找鲁迅闹着涨工钱的话，至少也会感叹自己拖了国家后腿吧？

再假定某个大学又来调查中国的住房拥有率，又拿鲁迅家做样本。当时鲁迅已经结束了租房生活，先后在北京西直门内八道湾胡同和阜成门内西三条胡同各买了一处四合院（八道湾那所四合院后来归了周作人，抗战后被当成敌伪财产收归国有），一共有房三四十间。老妈子们呢，一间房也没买，可是再跟鲁迅一平均，每人都买了几间房，在纸面上中产了。你猜王妈她们看了调查报告会怎么说：我靠，又被平均了！

哥就是房子多

在电线杆子上瞧见一张出租广告，很有意思：

> 不要迷恋哥，哥就是房子多，一直被模仿，从未被超过。家具家电齐全，免中介，电话×××××××××。

贴广告的这主儿应该不是吹牛，应该真的有好几套房子。您知道，现在房价虽高，买不起房的人虽多，坐拥两套房三套房乃至更多套房的家伙照样俯拾皆是，一方面工薪阶层望房兴叹，另一方面一小撮有钱人买房就跟买白菜似的，这就叫两极分化。

遥想当年，在我们所说的旧社会时期，也是这样两极分化。例如民国上海，超过95%的居民买不起房，超过40%的打工者租不起房。1927年上海特别市政府发布《建设上海市中心区域计划书》，开头就说："居住上海之人民，除却少数以外，生活上所最感困难者，莫过于住居问题之解决。"有些著名作家，像鲁迅、茅盾、瞿秋白，收入不能算低，也只能租房。旧上海住宅多为两层小楼，楼梯北侧往往要隔出一小片空间来，弄成一间不到10平方米的小房，叫作"亭子间"，这种亭子间，瞿秋白租过，梁实秋租过，郭沫若租过，鲁迅也租过。

而与此同时，在上海市区拥有1000平方米以上豪宅的业主共有3000多个，其中又有160个业主的房产面积超过1万平方米，他们分别是军政要员、富商大贾和黑帮头子，以军政要员为主。

那时候，买房难发生在每一个大中城市，上海、北京、天津、广州、汉口、杭州、昆明、宁波……无一不在闹房荒。而1944年6月23日《新民报》刊载

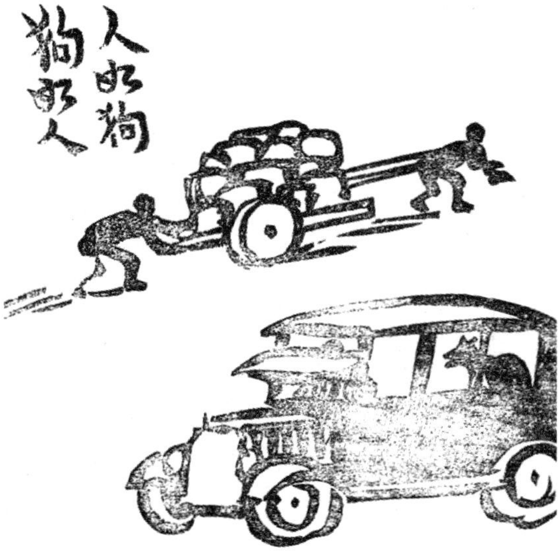

◉《人如狗，狗如人》（丰子恺《人生漫画》，万光书局1947年版）

张恨水的文章说：“所谓房荒，只是荒了大多数人，却有极少数人反有房多照顾不过来的痛苦。”

月有阴晴圆缺，人有贫富贵贱，此事古难全，没钱的租亭子间，有钱的买豪宅，理所当然。问题在于，很多有钱的不必去买，豪宅就能自动上门。军政要员为什么会有那么多房？因为抗战胜利后，国民党官僚去上海接收“逆产”，顺便用强权霸占了很多本来应该发还给老百姓的房产，大大小小的房子都被他们按级别瓜分了，官越大，占的房子越多，住不完就租出去（故此老百姓把接收称为“劫收”）。他们获得房子之易，靠出租和倒卖空房获取暴利之多，简直超过现在贪占经济适用房的大小干部。

张作霖的产业

我以前写过一篇文章，提到张作霖重视教育，说他做奉天省长的时候，得知北洋政府拒绝给留学日本的公费生打款，搞得几千名留学生吃了上顿没下顿，很生气，慨然解囊，掏出10万大洋给留学生汇了过去。我媳妇读了这篇文章，大为感动，夸张作霖做得好，现代官员应该向他学习。

我媳妇忘了一点：张作霖汇的那10万大洋可全是他的私人存款，他哪来那么多钱？靠薪水？肯定不可信。他身为奉天省长和蒙疆巡阅使，年薪虽高，却不到1万大洋，平时开销又极大，自己花都不够，要是不贪不占，绝对不可能拿出10万大洋。所以我对媳妇说："张作霖资助留学生值得表扬，搞小动作弄黑钱必须否定，这两笔账得分开。"

说到张作霖弄黑钱，那手段绝对不比现在的贪官逊色。1918年，辽宁有一家"厚发合"公司生意很火，张作霖为了赚钱，挪用公款100万大洋，强行入股

◉张作霖

◉位于北京西城的顺承王府，张作霖购买于民国十年（1921年）

该公司，要求每月分红20万大洋。分红满一年，那家公司实在撑不住了——光给张大帅一个人的分红就超过了公司利润，不得不宣告破产。1919年，张作霖又听说哈尔滨“广源盛”公司不错，想据为己有，授意他人举报“广源盛”偷税漏税，然后把经理和股东关进陆军监狱，一文不花就成了这家公司的老板。1921年，北方几个省闹旱灾，粮价疯涨，张作霖以赈灾的名义逼迫东北农民半价出售粮食，然后由他运到北京和天津出售，一转手就是三四倍的利润，平均每天的纯收入竟然高达9000块大洋！

1922年，有人给张作霖名下的财产做了个估计：“奉天张巡帅之产当在万万以上。”也就是说，张作霖的私人腰包里至少有1亿大洋。那时候大洋购买力很强，一块大洋在东北则至少相当于200元人民币（东北币制混乱，日本银行、朝鲜银行和中国银行都在那儿发行纸币，大洋相对稀缺），所以张作霖的身家应该在200亿元以上。

200亿元身家，听起来有些夸张，所以我对这个数据不太放心——也许这是南方革命党人为了打倒张作霖这样的旧军阀而故意夸大其词吧？但我相信下面这些数据是可靠的：张作霖在哈尔滨拥有700间洋房和3000间平房，在沈阳拥有10幢洋房和409间平房，在北京拥有一座王府（顺承王府，位于北京西城，直奉战争后被张作霖买下），在天津拥有一所别墅。

我列举这些数据，目的是想证明张作霖是个贪官，不值得为他感动。可我媳妇固执地说：“那又怎样？张作霖用贪来的钱资助别人的孩子留学，总比现在的贪官光资助自己的孩子留学强得多！”我仔细想想，她的话也对。

一个都不干净

孙中山先生说：“十几年以来，一帮军阀官僚，像冯国璋、王占元、李纯、曹锟，到处搜刮，所发的横财每人动辄几千万。他们因为想那些横财安全，供子子孙孙万世之用，都是存入外国银行。”

军阀发横财，把横财存进外国银行，这些说的都对，不对的是横财的数目——孙先生低估了军阀们的搜刮能力。事实上，冯国璋继袁世凯之后任大总统，几年工夫就暴富到身家“数万万”，即几个亿。后来徐世昌任大总统，身家也是“数万万”。曹锟逊色一些，他向吴佩孚透露过：“鄙人经营数年，不过赚得五千万耳。”意思是嫌少。不过曹锟说这话时还只是直鲁豫巡阅使，后来他通过贿选当上大总统，贪污能力更上一层楼，腰包之鼓应该也不会亚于冯国璋和徐世昌吧。

◉吴佩孚见曹锟（《江浙直丰血战画宝大全》利集第31页，上海战事写真馆1924年版）

北洋军阀从根子上说就不干净，他们的开山鼻祖袁世凯初任大总统那年，就把五国借款的结余部分约2000万大洋划到自己账上，存进设在青岛的一家德国银行。据说袁世凯跟人打牌，对方变相行贿，故意输掉，把北京城内一幢价值40万大洋的别墅输给了他。那时北京房价低廉，花上2000大洋就能买下一座前后三进占地两亩的四合院，袁世凯打牌“赢”的那幢别墅，估计占地得有几十亩，房子得有几百间吧？

众所周知，专制社会缺乏制衡，统治者来钱之易超过比尔·盖茨。且不说袁世凯打牌赢别墅、冯国璋以总统身份贩鸦片、徐世昌贪污军队抚恤金，单是曹锟过一次生日，就能赚到百万大洋。1921年，曹锟在河北保定过六十大寿，各部总长、各军总长、国会议员、省参议员、海陆军高级军官、河北河南两省富商，以及梅兰芳、富连成、杨小楼、尚小云等明星大腕，都有厚礼奉送，“所收礼物总价相当于中人之产千余户”，真是厉害。

北洋军阀里面，唯一称得上清廉的恐怕只有国务总理段祺瑞一人，此人不贪污，不受贿，不收礼，不涉足房地产。别的军阀狡兔三窟豪宅如云，他下野之后却连一个住处都没有，归隐天津得租房，归隐上海还得租房。

然而段祺瑞的清廉也经不起调查。有知情人揭露，北京钱庄“春华茂”、天津商号“春芝茂”，都是段祺瑞任国务总理时投资开设的，只不过用的是他亲戚的名字。试想一下，段祺瑞又没有给奇瑞汽车做过代言，他要真是靠工资吃饭，哪来的钱开公司啊！

自杀警告牌

军阀们身家过亿豪宅如云，老百姓可就惨了：城市人口一天天在暴涨，房价和房租也是一天天在暴涨，除了首都北京，任何一个大城市都出现了住房难。

民国市民买房的很少，那时候就跟北宋一样，城市居民以租房为主。像云南昆明，住房自有率只有32.4%，换句话说，67.6%的市民是在租人家的房子。上海闸北的住房自有率只有25%。而在热闹的法租界，1922年统计的住房自有率只有8%。最可怕的是广州，1928年广州市土地局搞普查，全市80万常住人口，只有两万人住的是自家房子，住房自有率低到了2.5%！

按说买房也好，租房也好，房子都是一样的房子，只要住得舒适，只要房东略通人性，不至于今天涨房租明天要小费（民国上海房东流行收取“扫地费”、“开门费”和“节礼”），把房客撵得鸡飞狗跳无处安身，只要丈母娘通情达理，不强求做女婿的非买一套房子，那么在我看来，租房跟买房是没有区别的。所以民国时住房自有率虽低，却未见得民国市民就不幸福。

然而很多人连租房都租不起。河南郑州那么落后的城市，普通民房每间月租不过一两块大洋，还是有大批房客因为欠租而被扫地出门，不得不跑到金水河两岸搭起席棚，冬天挨冻，夏天挨蚊子咬，阴雨天潮得床板上长蘑菇。上海就更不用说了，1928年上海市社会局发布的公告里说：“本市人口稠密，房租昂贵，贫民温饱难继，更无余力以谋居处之安适，故大多居于草棚之内，天寒地冻，常罹火灾，流离载道，惨不忍睹。”连一贯吹嘘政绩粉饰太平的官方都这么说，实情之惨可想而知。

那个年月，因为无处安身而投江自杀的上海居民比比皆是，以至于公安局不得不在每天晚上8点出动警察到黄浦江边巡逻，“凡遇有形迹可疑，神色沮丧

◉逃难的一家人（《内战结束的前夜》第133页，广西师范大学出版社2009年）

者，详加盘问”。市政府还在“历年投浦较多之岸沿，树立自杀警告牌，警醒世人”，警告牌上写着八个字：“死不得的，快回头去！”这样的牌子，在徐家汇、曹家渡、宝山路口、大统路口、豫园、小东门、中华路与肇嘉路交叉口都有，您要不信，可以问问那些年过九十的老上海。

我本人可不是老上海，今年也不到90岁，自杀警告牌只在史料里读过，没有亲眼见到。想象起来，它应该像现在强拆民宅的官员打的横幅：“拆迁为民，自焚可耻。”请教一下诸位，这横幅算不算新时代的自杀警告牌？

房客自杀

解放军打东北，东北自然就成了战区。战区很不安全，可能被国军拉去当壮丁，也可能被共军的流弹击中，甚至还可能在大军围城的时候困在城里出不来，吃了上顿没下顿，活活饿死。为了避免饿死，很多东北人在围城之前就往外逃，一路逃进关内，去了还没有被解放的北京和天津，于是京津两地的人口突然增多起来。

北京是什么情况就不说了，我们说说天津。天津《大公报》报道说："东北来津的难民一天多似一天，东车站上蔚为一幅流民图。这些难民扶老携幼，每天到津二三百人之多。"

从东北到天津逃难的人口越来越多，天津的住房自然也就越来越缺。房子一缺，房价就涨。房价一涨，房租也涨。于是有空房的人家都发了财，没房子的人家都慌了神。到了1948年8月份（这时候辽沈战役还没打响，东北尚未解放），租房住的工薪阶层已经完全吃不消了。像普通教师，剩下的钱还不够买一袋面粉呢，大伙都感慨说："工作是自己的，薪水是房东的。"意思是工资差不多全被房东给剥削走了。

没有固定收入的房客就更难过日子了。天津口袋班胡同11号院住了一家姓杜的房客（他们跟另外三户人家拼租一个院子），当家的是一个没有劳动能力的老太太，带着她的两个儿子：大儿子失了业，靠做小摊贩为生，老是被城管打；二儿子是个哑巴，在鞋店当伙计。东北人来天津以前，天津房租没涨，这家人还过得下去，后来呼啦一下过来那么多难民，房东开始涨房租，他们交不起，也没办法搬出去租更便宜的房子，因为凡是有房子的地方都有人租着，想把前任房客撵走，得拿两根"黄鱼"（也就是金条）。

老太太拿不出"黄鱼"，跟房东求情，求他高抬贵手。房东不答应，说：

“要么加价，要么走人。”老太太无法可施，在1948年8月27日早上，把裹腿布解下来挂在梁上，上吊自杀了。（参见《西北时报》1948年第10期第3版《房东逼人搬家，老妇上吊惨死》）

她死后四个多月，解放军解放天津。

比房租更贵的

300年前，日本东京，那时候叫江户。江户是个大城，常住人口110万，其中一半是老百姓，另一半是武士和僧人。僧人住在寺院里，武士独门独院，老百姓呢，集中居住在大约9平方公里的滨海地带。50多万人，9平方公里，每平方公里将近6万人，比现在的东京还要拥挤。

那时候建筑技术落后，民房最高只有两层。人口密度大，容积率又低，房子当然极为稠密。稠密到什么程度呢？一家挨着一家，两家之间只能共用一张可以一拳打穿的薄木板做山墙，每家的可使用面积平均不到10个平方米，晚上睡觉，榻榻米摆满整个房间，全家人挤在上面睡，白天起来，得把榻榻米抬到门外去，屋里变成厨房和餐厅。至于厕所，都是公共的，因为空间缺乏，只能十几户人家共用一个厕所。

就像这样逼仄的房子，都很难买到——根本没有人愿意卖。18世纪后期涌进江户的新移民，差不多全是在租房。房租倒不算贵，10平方米的房间，月租400文，而挑着担子走街串巷卖天妇罗和握饭团的小贩，一天就能挣到400文。问题是，租房的第一天，新房客得给房东一笔昂贵的见面礼，行情是5两银子。那时候一两银子折合8000文，5两银子相当于好几年的房租了。现在去日本租房，还得主动交给房东一笔“礼金”，就是打江户时期传下来的老规矩。

还有，过去粪便在日本是一种宝贵的肥料，常有农民挑着担子进城买粪，担子的一头挑着葡萄，另一头挑着粪桶，市民从公共厕所里舀一勺粪便，就能换一串葡萄。但是这种额外的“好处”只有房东才能享用，他们垄断了房客的粪便，有时候出售粪便的收入竟然能超过房租的收入。

由此可见，江户时期房租看起来很低，实际上不低，因为房客为了租房，不得不向房东支付比房租更宝贵的东西，譬如礼金和粪便。

中国也有过类似的情形。民国后期，尤其是快解放的时候，上海、天津、广州等城市一房难求，跟日益飞涨的物价比起来，房租并不算贵。只是人们为了租房，必须向二房东或者前任房客支付一笔“顶费”，这笔顶费通常以金条计算，动辄要花上几根金条甚至几十根金条，才有可能租到房子。

为什么会有顶费

上回说，民国后期，在上海、天津、广州等城市租房，必须付给前任房客或者二房东一笔“顶费”，而这笔顶费动辄要花几根金条甚至几十根金条。为什么会出现这种情况呢？

因为三方面的因素：战争破坏，通货膨胀，还有政府的错误调控。

抗战八年，几乎让所有大城市的建筑都受到了破坏，相对战后返城的人口来讲，可供居住的住房非常少。抗战前，中国内地的房荒还存在着分配不均和两极分化，一方面是住房难，另一方面是大量空置（就像现在的北京）；而抗战胜利后，房荒已经演变成真正的住房短缺。事实上这种短缺现象一直持续到新中国成立后好多年，直到上个世纪90年代初才消失。

住房供不应求，居住成本自然要上升。与此同时，国民政府发行的法币却在迅速贬值，这时候房东们自然更要不停地调高房租，最终导致收入不能水涨船高的工薪阶层叫苦连天。

为了解决工薪阶层的居住问题，国民党政府从1946年起先后采取了几项很严厉的调控措施。先是限制房租的上涨速度（1946年《战后房屋租赁条例》）；后来又冻结房租，让房租维持在1948年夏天的水平，不管物价怎么涨，房租不许动；再后来房东按实物收租，不收法币，只收大米，政府又禁止房东收实物房租，鼓励房客检举揭发（（参见1948年9月13日《宁波日报》）。

表面上看起来，以上调控措施都能减少房东的“剥削”，减轻房客的负担。可是市场规律这东西实在是难以征服，政府虽然通过严厉调控让房东少收了房租，却没能让房客少缴房钱，因为广大投机客迅速行动起来，把能租到手的房子统统租了，然后坐等急需住房的房客上门。想租房吗？可以，我正租着呢，想让我搬走，拿“顶费”啊！多少钱？10根金条，少一根都不行。你不租没关系，找不着房的人多着呢，总会有人愿意掏10根金条住进来。

而对绝大多数低收入家庭来说，宁可支付越来越高的房租，也不愿出顶费，因为他们拿不出金条。你看，政府本来是想解决住房难来着，一步走错，反倒把居住成本抬得更高了。

第七章　民国的住房政策

民国广州的廉租房则不然，它们地处偏僻，造价低廉，环境脏乱，离新式洋房天差地远，而且就像茅于轼先生几年前提议的那样，房间里统统不建厕所，只配备公共厕所。不仅如此，管理还很苛刻……像这样的廉租房，肯定只有真正的穷人愿意入住，你让那些局长、处长、科长、股长白住，他们都不肯。

民国广州的房税

现在买房，得缴契税、印花税、教育费附加、维修基金、城市维护建设税（有些税费是开发商代缴），乱七八糟一大堆，这些税费都交完了，才能过户，才能拿到房本儿。

在民国时买房，也得交上一大堆税费。比如说广州吧，买新房也好，买二手房也好，交了房款，签了合同，得在半年之内去财政局“呈验注册并交契税”。契税的税率不太固定，南天王陈济棠统治时期，一般按购房款的3%缴纳，到了日伪统治时期，契税骤然翻番，涨到了6%，譬如你买房花100万元，那么缴契税就得花6万元。

缴了契税还不算完，还得缴“门牌费”、“消防费”、“洁净费”、“贫民教养院经费”和“手数料照转移税”。门牌费、消防费和洁净费这三项相当于现在的城市维护建设税，贫民教养院经费相当于现在的教育费附加，手数料照转移税相当于现在的印花税。也就是说，名称变了，税费的构成没变，时代前进了，手法亦会复古，从民国购房者要缴的种种税费当中，您能看到时光倒流。

国民革命军北伐的时候，军费紧张，官方在房地产上打主意，猛收购房者的交易税，最高能占到房款的13%。也就是说，你买房花了100万元，为了过户，还得再缴13万元的税费。好在民国广州不像今日广州，那时候租房的人多，真正愿意买房的都是非常有钱的一小撮，把交易税定得高高的，让他们多出点儿血，于百姓无害，于革命有利，是两全其美的事情。

事实上，缴完那些交易税也不算完，你拥有了一套房子之后，不管是自住还是出租，都得按期缴纳房产税。现在咱们研究房产税研究了十几年，试点也搞了几年了，除了上海和重庆，别的城市是没有房产税的。而在民国，像北京、上海、天津、青岛、南京、广州、昆明、成都、太原、郑州等等城市，都早早地开征了房产税。

各地的房产税政策差别很大，有按面积征收的，有按房价征收的，还有按房租征收的，有不分对象全面征收的，也有采取区别化政策，只对拥有豪宅或者两套以上住房的富人征税的。广州得风气之先，很多政策学自英美和日本，后者主要按房租计征房产税，广州也跟着这样做。

1925年，广州卫戍司令部发布告，规定广州市内凡拥有两套以上住房并对外出租的业主，每月得缴10%的房产税。到了1930年开始全面征收，凡是有房子的住户，无论是否对外出租，都得按理论房租的15%缴房产税。这个税率刚巧跟现在的香港一样。

满洲国的房产税

中国大陆房税很重，但都集中到交易环节了。契税、营业税、增值税、所得税、印花税、城市维护建设税、教育费附加、测量费、评估费……各种税费叠床架屋，高高摞起来，把本来就高的居住成本撑得更高。至于保有环节，基本用不着缴税。生活在这样的环境里，有钱人当然会使劲买房，一口气买他百八十套，想租就租出去，不想租就搁那儿升值，反正不用缴税。后来政策制定者转变思路，想在保有环节征收一个“物业税”，吆喝了好几年，也空转了好几年，一直没敢真干。倒是在2011年，重庆和上海两个城市开始了“房产税”的试点。

重庆房产税针对别墅和新买的商品房。别墅超过180平方米的部分，以及新购商品房超过100平方米的部分，每年按超出面积的总价征收0.5%到1.2%，单价越高，税率越高。比方说您特有钱，在重庆买了一幢600平方米的别墅，每平方米6万元，那就得缴1.2%的房产税。拿600平方米减去180平方米，再乘以6万元，再乘以1.2%，每年缴31万余元。

上海的房产税主要针对第二套以上住房。一户家庭购买多套房产，要是人均建筑面积超过60平方米，而且单价超过均价两倍，每年按超出面积的总价征收0.6%；如果单价低于均价两倍，每年按超出面积的总价征收0.4%。比方说一家三口购买第二套或者第三套房子，加上已有的房子总面积达到600平方米，每平方米6万元，拿600平方米减去180平方米，再乘以6万，再乘以0.6%，每年缴15万余元。实际上，现在上海的房产税正处于开张优惠阶段，地税局还给打七折，所以缴10万元就行了。

同样的价格，同样的面积，在重庆要缴30万元，在上海只需要缴10万元，说明重庆的房产税要比上海凶猛得多。不过还要看跟谁比，要是跟伪满时代的东北相比，重庆立马相形见绌——在伪满时代，房产税的税率高达3%，比重庆的最高税率1.2%高一倍还要多。

伪满时代不光税率高，而且没有什么免税面积，更没有什么开张优惠，把今天600平方米单价6万元的房子放到伪满，每年要缴的房产税是108万元。很明显，这不是调控，而是搜刮。

民国有没有加名税

买房过户，得缴契税，这个规矩由来已久，从东晋到现在，持续了将近1700年。鉴于这本书专谈民国房地产，所以咱们远的不提，单说民国。

民国时期，无论是北洋政府还是国民政府，袁大总统还是蒋委员长，中华民国还是伪满洲国，外国租界还是华人辖区，没有不收契税的。

北洋政府初期，您在北京买房，假如房价100万元，那么过户时，得掏9万元的契税，换言之，税率高达9%。而假如您是八旗子弟或者皇室宗亲，政府会对您优待一下，契税减半，只收4.5%。到了民国四年（1915年），旗人汉人同等待遇，汉人买房得缴6%的契税，旗人买房也得缴6%的契税。那时候南北分治，革命党人统治着南方一带，偶尔出兵打一打北洋军阀，军费不够用，收税收得很厉害。广州人买房，契税最高时达到10%，再加上消防费、洁净费、门牌费、练兵费、贫民教养院经费等等名目，一度占到房价的13%，论及不动产购置税之重，简直跟今天有一比。

后来小日本打咱们那些年月，汪伪政府统治华北，伪满政府统治东北，俩政府都是日本人的傀儡，契税也按日本人的规矩走，无论买房买地，一律缴纳6%的契税，譬如买房花100万元，过户时得缴契税6万元。

单看税率，民国时的契税比现在收得重，因为现在各大城市最多只收4%的契税，某些三线城市的官僚为了进一步刺激房价和多收黑钱，还经常对烂尾楼免征契税。其实民国时也是这样子，很多时候并不按法定的税率征收。譬如张群在上海当市长时，原先9%的税率，他给降到8%，进而降到6%，如果开发商足额缴纳了地价税，契税只收2%，所以地方政府在契税征收方面的自主权是非常大的。

2011年最高法院出台《婚姻法解释（三）》之后，一些朋友怕将来离婚分不到房子，想在房产证上加名，结果某些地方政府趁火打劫，开征了“房产证加名税”，其实这也是一种契税。这种契税在民国时有没有开征过呢？我查阅了北洋政府颁布的《特别区契税规则》、国民政府颁布的《收复区整理契税办法》、汪伪政府颁布的《契税条例》、伪满洲国颁布的《契税法》，很沮丧地发现——没有。可能是因为那时候婚前按揭购房的人还很少，也可能是因为那时候的税务部门还很笨吧。

真正的男女平等

我给《南方都市报》写“民国房事”专栏的时候，有一封读者来信写道：“按照咱们最高法院对《婚姻法》的最新解释，婚前按揭的房子应该归产权登记方所有，也就是说，谁交了首付款，房子就归谁，这个解释非常不靠谱，您能说说旧社会是怎么规定的吗？”

这是个好问题，刚好挠到痒处，我觉得可以谈一谈。

至少从北宋开始，妻子就拥有了独立财产权，但这项权利仅限于嫁妆。比方说，小芳嫁给小明，用2000贯铜钱、20匹丝绸、一大箱衣服、一小箱首饰、一整套红漆马桶、100亩水田、100亩旱地、一座磨坊、一间商铺和一个丫鬟作陪嫁，那么这些铜钱、丝绸、衣服、首饰、马桶、水田、旱地、磨坊、商铺和丫鬟就永远是小芳的私人财产，万一哪天小明跟她离婚，她可以把这些全都带走；要是小明吃喝嫖赌把嫁妆弄没了，她还可以告到官府，让小明以及小明的父母照价赔偿。这个规矩盛行于两宋，并在元明清三代的法典和司法实践当中得以延续，使得帝制时代的女性多少拥有了那么一点儿财产权利和经济地位。

民国时代更进一步，从《民法》第1004条到第1048条可以看出，民国妇女不光拥有对嫁妆的独占权，离婚时还能分到财产的一半，并且不管这财产是婚前的还是婚后的。当然，要是夫妻双方达成协议，妻子愿意空手走人，法律也不反对。1936年，南京国民政府治下的离婚案先后发生6000多起，过半妇女不懂得要求分配财产，还有一部分女士被迫在财产分配上放弃了权利。我估计是因为那时候的法律虽然合理，社会习俗却依然落后的缘故。

可能您认为那时候的法律并不合理：把男方婚前的财产也视为婚后共同财产来处理，过于抬高女性权利，有违男女平等的宗旨。可您别忘了，那时候是男权社会（现在也是），男人一有钱就想把妻子变成前妻，女人成了前妻就很难再找到靠谱的下家，事实上哪怕一个强奸犯出狱之后都不耽误结婚，真正倒霉的却是那个受害的女生。既然男女在文化习俗上是这么不平等，凭什么不能在财产分配上高抬一下女性权利呢?

有房才能当代表

您知道，在我们的宪法里面，所有年满18岁的中华人民共和国公民都有选举权和被选举权。而在80年前，您要想有选举权，必须年满20岁，要是想有被选举权，必须年满30岁，而且还得经过政府组织的一场专门考试。

这里说的选举权和被选举权，不是选官员，而是选代表。代表这东西，一不能吃，二不能喝，三不能随便睡，他们存在的意义，就是帮大伙说话，替大伙办事儿，套句官话讲，就是要代表广大人民的根本利益。既然是代表人民的利益，那么就应该让人民直接选，干吗还得考试？考试分数跟能不能代表人民利益有什么关系？即使考一场试很有必要，那也得是人民出题来考，你政府考个什么劲呢？

鲁迅先生说，用考试来选代表，这不叫选举人，叫选“举人”；那些通过考试然后获得被选举资格的人，不叫被选举人，而叫被选“举人”。他的意思是说，国民政府通过考试来选拔人民代表，其实是古代科举考试的山寨版，不是社会的进步，而是历史的倒退。

跟北洋军阀统治时期比起来，国民党统治时期是有进步的，但在选举代表这一方面，并没有大踏步地前进，只有小碎步地倒退。因为北洋时选议员，虽然贿选成风，还是有选举程序的，而国民政府时期选代表，连选都没了，竟然是考试称王。没有选举的腐败，当然比不上有腐败的选举，您说是吧？

同样是在80年前，上海公共租界选代表，也是没有选举，不过也不像国民政府治下那样玩考试，当地选代表的方法是统计房产税，看谁家房子最大、市价最高、每年交给公共租界工部局的房产税最多，谁就能代表租界居民。这个办法自然也不靠谱，不过比起通过考试选代表的方法来，这个似乎更好一些。

我的愚蠢想法是，考试那玩意儿弹性太大，出什么样的题就选什么样的代表，如果每年都出“你是代表党说话还是代表人民说话”、“每年两会上是否百分百投赞成票”这种考题，我估计除了逯军局长和倪萍老师等人，谁也当不了代表。至于后一种办法，虽说选出来的代表都是坐拥豪宅的阔佬，未必有资格代表人民，但人民总能对谁来做他们的代表有一个心理准备，不至于经常被雷倒。

拿现在说吧，大多数朋友都不知道自己的人大代表是谁，有了麻烦也不知道找谁解决。假如采用80年前上海租界那种老办法，那就容易得多，光看房子就行了，谁家房子最大，谁就是咱的代表。

民国广州的廉租房

上个世纪30年代，广州房价飞涨，房租高昂，工薪阶层买不起房，连租房都很艰难，某参议员建议把广州市内所有庙宇、道观、祠堂、教堂一律没收，直接改成廉租房，赁给低收入家庭居住。这个建议出发点是好的，但是阻力很大，不光和尚、道士、神父不答应，一般的善男信女也不答应。

既然此路不通，又有参议员提议模仿欧美，由政府划出免费地块，招募开发商兴建廉租房小区。这个提议顺利通过，广州市政府开始着手建设“平民新村”和“劳工住宅”，也就是我们现在说的廉租房。

截至1935年12月，市政府共建成3处廉租房小区，分别位于西堤二马路、东郊青菜岗和飞来庙。这几个小区的外观和布局都相似，都是一个大院子，院子有一个大门，门上钉着铁牌子，上写“××平民新村”或者“××劳工住宅”。走进大门，都有一条煤渣路，路两边齐刷刷地盖两排楼房，底层全是一室一厅的户型，上层全是小单间。此外，小区里还有礼堂、诊所、贫民教养学校、劳工子弟小学，大门口再设一个办公室，供社区管理员居住和办公。

◉广州市第二劳工住宅（《东方画报》1935年第32卷第11期）

现在的廉租房，一般都是商品房小区里配建的，除了户型较小、租金低廉、不能买卖之外，跟商品房没有任何区别，一样有卧室有客厅有厨房有厕所，有的还经过了精装修，住起来远比都市村庄和二房东分隔出来的鸽子笼舒适，而且房租又非常便宜，撑死了每月几十块钱，简直等于白捡。这样诱人的廉租房，当然有很多人争抢，抢到最后，往往被权贵以及权贵的亲戚占去，他们不住，高价转租，于是好好的住房保障手段沦为权贵的分赃盛宴。民国广州的廉租房则不然，它们地处偏僻，造价低廉，环境脏乱，离新式洋房天差地远，而且就像茅于轼先生几年前提议的那样，房间里统统不建厕所，只配备公共厕所。

不仅如此，管理还很苛刻。里面的住户不能养宠物，不能留宿客人，不能使用无罩的煤油灯，每天早上7点之前、晚上10点之后，不能大声喧哗，简直就跟中学宿舍一样严格。像这样的廉租房，肯定只有真正的穷人愿意入住，你让那些局长、处长、科长、股长白住，他们都不肯。

房租是很便宜的，小单间每月毫洋8角，一室一厅每月毫洋3块。当时低收入家庭实在太多，已经建成的廉租房供不应求，为了做到公平，广州市政府让已经入围的申请人抽签，谁抽中谁入住。这个办法很像现在的经适房摇号，是吧？

祝他们学习成功

著名经济学家茅于轼先生接受采访，说目前大陆的保障房体系应该去掉经济适用房，因为经济适用房在若干年后还能转手卖掉，对权贵阶层的吸引力很大，更容易被他们霸占（事实上已经被他们霸占了，就笔者本人所见，现在能够成功认购经适房的主儿95%以上非富即贵，名下房产四五套的俯拾皆是，而真正有资格认购的低收入无房家庭反倒排不上号，真乃中国一大奇观），不如把资金和地皮省下来多盖廉租房。

我很赞同茅老的看法。另外我还觉得，仅就清廉程度而言，现在的住房保障还不如民国，因为民国只有廉租房，没有经适房，更没有限价房、房改房、福利房、集资房等等名为分配实为分赃的名目。

民国的廉租房是专给穷人盖的，虽然也跟现在的廉租房一样存在腐败，但是管理方法和监督手段都要比现在强得多：

第一，各地廉租房小区（当时叫“平民新村”、“平民住宅”、“平民住所”、“劳工住宅”、“劳工新村”）的住户不能养宠物，不能留宿客人，不能使用无罩的煤油灯，每天早上7点之前、晚上10点之后，不能大声喧哗，简直就跟中学宿舍一样严格。像这样的廉租房，肯定只有真正的穷人愿意入住。

第二，凡是够条件入住但是还没有排上号的家庭，都是“义务观察员”，一旦发现哪个廉租房小区有人加价转租，可以检举揭发，在查证属实之后，政府会把转租房屋的那个家伙赶走，让第一举报人住进去。

这两条制度非常有效。以青岛为例，截至1946年，青岛市政府总共建了12个廉租房小区，安排了24048户居民入住。经过青岛市社会局自审、湖北省地方政务调查团考察、国民党机关报《中央日报》记者明察、南京社会调查所学者和金陵大学师生暗访，12个小区两万多租户当中没有发现一个有钱人，连在行政事业单位上班的工作人员都没有一个。换句话说，所有“蛀虫”都被这两条制度挡在了廉租房门外。

听说石家庄最近正搞“义务观察员”制度，请群众检举揭发那些开着私车入住廉租房的“蛀虫”，一旦查实，把蛀虫捏走，再奖励第一举报人2000块钱。这招儿跟民国时代很像，不知道是不是在学民国，如果是，祝他们学习成功。

时间停止器

民国的廉租房管理严格，监督有效，比较清廉，相对合理，但是也有一个致命缺陷：不许外来务工人员入住。

举几个例子。

民国二十四年（1935年），长沙市政府出台《长沙市平民住宅租赁章程》，规定本市平民住宅（也就是廉租房）每套月租不超过大洋6角（按当时大洋在长沙的购买力，6角大洋折合人民币大约50元）；房内不设卫生间（茅于轼先生也提过这个建议，目的是通过降低居住舒适度来减少权贵的入住率，结果被广大网友误会，以为茅老歧视穷人），大家共用公共厕所；厨房也盖在外面，楼上住户和楼下住户每两家共用一间厨房。像这样的廉租房，什么样的家庭有资格租赁呢？第一，必须有长沙户口；第二，必须已经结婚；第三，家庭月收入必须在12块大洋以下，存款和固定资产变现必须在200块大洋以下；第四，没有赌博、酗酒、好吃懒做和吸食鸦片的毛病；第五，必须没有任何房产；第六，必须不能是“在各机关团体服务及充上级者”，换句话说，严格禁止公务员租赁。

平心而论，禁止公务员租赁，禁止有房户租赁，禁止游手好闲的人租赁，禁止高收入家庭租赁，这都合理，但不能限制有没有结婚和有没有长沙户口。要是觉得没有结婚的老光棍儿一个人租赁一套廉租房涉嫌浪费公共资源，可以要求他们几个人合租一套嘛！至于户口之类更不该提，难道给长沙做贡献的只有长沙土著吗？恐怕外来务工人员做的贡献更多。再说了，如果一户居民已经有了长沙户口，那往往是长沙土著，土著一般是有房子的，根本不需要再给他们盖廉租房，真正需要照顾的恰恰是外来务工人员。

不光长沙的廉租房把外来务工人员关在了门外，上海、广州、青岛、南

◎南京市止马营平民住宅（《东方画报》1935年第32卷第13期）

京，凡在民国时期已经兴建廉租房的城市，全这毛病。像上海市政府在民国二十四年（1935年）制定的《上海市平民福利事业管理委员会平民村居住规则》就规定："本市市民现有正当职业，家庭月入40元以下，可添申请书，经本平民村主任许可，方可租住。"

当然，也不光民国，现在的廉租房也是只租给拥有本地户口的市民。一想到这个我就郁闷，这都大半个世纪过去了，某些官僚竟然还跟半殖民地半封建社会一样用户口本儿给人民添堵，不知道是脑子冷藏起来了，还是上帝开动了时间停止器？

土改时的小产权

抗战前，共产党在陕北搞土改，阎锡山在山西搞土改。共产党的办法是强制，打土豪，分田地，谁家地多，没收，分给佃户。阎锡山的办法是购买，把耕地和宅基整村整村地买下来，再平均分给佃户。问题是，购买得花钱，花很多很多钱，政府手里不可能有那么多钱，即使有也不会做冤大头，所以得让佃户花钱。佃户也不可能有那么多钱，不然早就买了。所以政府发行公债，用公债买地，然后分给佃户，让佃户分期还款，如果不还，政府就把地收回去。打个比方说，佃户跟政府的关系就像按揭购房者跟银行的关系。

阎锡山的土改方案给解放后的台湾土改提供了一个样板。这个样板的好处是合情合理也合法，改革起来比较温和，不会有太大阻力，坏处是会留下后遗症：佃户还款的时间太长了，中间会有迁徙，会有转手，会有撂荒，会有逃亡，也会有地价涨落，政府极有可能收不到还款。所以阎锡山的幕僚又设计了一个配套方案：只许政府征地，禁止农民卖地，政府征地合法，农民卖地不合法。聪明的朋友马上会想到现在的“小产权”，没错，就是小产权。

阎锡山搞土改，是1935年开始的，到了1937年，山西就沦陷了，日本鬼子开进太原，山西土改顿时夭折，类似小产权的政策当然没能执行。

在中国历史上，把农民土地定性为小产权的时代主要有三个，一个是今天，一个是阎锡山时代的山西，另一个就是唐朝。在唐朝前期，农村土地不能买卖，不能出租，不能抵押，如果有人违法卖地，政府可以没收其卖地所得，如果卖的是责任田（口分田），则不仅要没收卖地所得，还要打他的屁股，每卖一亩打十棍，超过十亩就劳改。用唐朝官员的话来讲，就是“受之于公，不得私自鬻卖”。

这个理由都是政府站在自己的立场上说的，听起来比较靠谱，其实经不起推敲。假如我是唐朝一农民，我会私下里犯嘀咕：我们家那两块地，一块是我祖辈开荒开的，一块是我父辈花钱买的，后来又经过我的平整和追肥，每一分每一寸都渗透了我的血汗，现在你把它们收回去再分给我，就这么一倒腾，它就公有了，就不能卖了，一卖就小产权了，这都什么事儿啊！

最操蛋的限制

民国初年，北京有个锦什坊街，锦什坊街有个马勺胡同，马勺胡同里有个小院，小院里盖了四间瓦房。这四间瓦房的主人姓胜，叫胜奎，满洲人，跟清末武侠小说《三侠剑》里十三省总镖局的镖师胜奎同名同姓。

话说这个名叫胜奎的满洲人，在清朝倒台之后，丢了铁杆庄稼，坐吃山空，到了民国三年（1914年），不得不把小院卖掉。卖了多少钱呢？纹银225两。那时候，作家包天笑每天上午给杂志写小说一集，下午给报纸写专栏一期，月稿费120两。同时期的记者崔笑我每天去书场速记评书几千字，第二天刊报登出，月稿费100两。这两位拿出两三个月的稿费，就能把胜奎的房子买下来。普通市民的收入没这么高，不过绸缎庄的伙计和琉璃厂的小工在学徒期满以后，每月也能挣到几两银子，要买下这四间瓦房，无非攒上两三年工资而已。所以那时候北京的房价是很低的，低到了让现代购房者纷纷想穿越的地步。

胜奎的房子卖钱不多，费的麻烦却不少。满人刚入关那会儿，限制旗人卖房，真要卖，只能卖给旗人，不能卖给汉人，因为旗人的房子是国有资产，卖给汉人等于国有资产流失。嘉庆以后，这个禁令形同废纸，政府的限制没了，亲族和四邻的限制仍然存在——卖房之前必须征求堂哥堂弟堂伯堂叔以及隔壁王大妈的意见，先问他们买不买，他们统统不买，你才能卖给其他人。这个规矩在中国房地产市场上延续了至少1300年，直到民国初年仍有残留。所以胜奎为了卖房，得给本旗都统、本甲佐领送礼，给堂哥堂弟堂伯堂叔送礼，给周边的街坊邻居送礼，换来他们的书面同意后，才能把房卖出去。

众所周知，现在农民出售不动产受到政策限制，只能卖给本村人，不能卖给城里人，除非经过政府的征收，让政府来卖。过去人们出售不动产，则受民俗限制，只能卖给亲戚和邻居，不能卖给外姓旁人，除非亲邻不愿意买。前一种限制使得农民乖乖地把土地交给政府低价征收，把房子交给政府低价拆迁，然后由政府加价几倍、几十倍甚至几百倍卖掉，财政有钱了，官僚也吃成了胖子。后一种限制使得卖房人要么低价卖给族人和邻居，要么就得像胜奎那样，乖乖地去给他们送礼。

这两种限制，都是我能想到的最操蛋的事。

绕过小产权

有段时间我住在农村，感觉县城近郊和集镇周边的村子都在搞拆迁，政府把小村并成大村，把大村改成小区，把老房子推平，把宅基地腾出来，卖给厂矿老板或者开发商，再用卖地的钱盖新型社区，让农民搬进去住。

对官员来说，上述工程很大，很费事，很有阻力。不过也很有油水：卖地赚10亿元，给农民盖房最多花5亿元，剩下5亿元可以变成财政收入。再说这是自上而下推行的“示范工程”，省里拨有资金，即使不能通过卖地赚钱，也可以打配套资金的主意，预算往高里做，房子往差里盖，省出来的钱会很可观。

对农民来说，不用花一分钱就能从老瓦房搬进新楼房，除了安土重迁的老年人，大伙都是愿意的。但土地是自己的（我国农民“觉悟”很低，社会主义改造已经完成大半个世纪了，大家说起耕地和宅基地，还是“我的地”、“你的地”，而不用“我们村集体的地”这种说法），干吗让政府赚钱？与其政府卖，不如自己卖。问题是政府卖地合法，自己卖地不合法，要卖也只能卖给本村人，否则就是“小产权”。按官方的说法，小产权不受法律保护，还可能被清理。所谓“清理”，就是要么拆房，要么收地，要么罚钱，要么既拆房又收地又罚钱，政策风险着实不小。

怎样才能避开风险呢？2005年北京怀柔某个村做过尝试：只租不卖，把地分成小块，租给想要自建房的城里人，租期很长，50年，跟我国商业土地的产权期限一样，租金一次付清，完了随便盖，不影响别人采光就行。其实这还是卖，只不过签的是出租合同而不是出让合同。鉴于《土地法》以及其他任何法律都没禁止农民把地租给村集体以外的人，所以这就从法理上把“小产权”给绕过去了。遗憾的是，后来这个村还是被当成了小产权重点清理对象，可见道高一尺，魔高一丈。哦不，是民高一尺，官高一丈。

我想，要是民国农民把地租给城里人盖房，绝对不可能被清理。第一，租地盖房是民国开发商最主要的开发方式；第二，民国官方还没学会玩“土地财政”，不会阻碍农民进入土地市场跟他们抢生意。

统计属于心理学

我姐在惠州打工多年，靠着省吃俭用，手里有些积蓄，想在郑州买套商品房。回来之前，她已经看过新闻，新闻上说经过调控，郑州的房价已经止涨，新区的房价甚至还在回落，她很高兴，以为可以“抄底”。到了郑州才发现，房价根本没有回落，也没有止涨，售楼部门口排队认购的壮观景象虽然看不到了，每个新建小区的开盘价仍然比半年前高出一大截，爱买不买，死活不打折。郑州市房管局的有关领导打包票说：“年底前完成调控目标问题不大。”我写这篇文章的时候，一年都过去了，不知道他们的调控目标完成没有。

我猜郑州市一定能完成调控目标，其他城市也能，不过不是在事实上完成，而是在纸面上完成：稍微调整一下统计样本就行了，譬如把高价房甩出去，把保障房加进来，一切OK。

在咱们中国，统计不属于数学，也不属于经济学，只属于心理学，因为统计的结果由统计者的胆量决定。而我们领导的胆量是很大的，向来敢于冒天下之大不韪，他们说完成了调控目标，统计报表一定会证明他们完成了调控目标，这样他们就有了政绩。胆量出数字，数字出政绩，如此而已。换句话说，领导们用不着让我们幸福，只需要用一些大胆的数字来证明我们幸福就行了。

统计和事实完全脱节的现象不始于今天。民国三十年（1941年），国民政府主计处统计局对外公布各省城市住宅用地价格，广西省竟然最贵。这个统计结果当然跟事实完全脱节，因为那时候广东省的房价最高，房地产市场最繁荣，其次是江苏省和浙江省，广西的地价怎么也不可能排到前面去。不过这个统计之所以如此离谱，倒也不是领导们故意调整了统计样本，而是因为统计方式有毛病：每块地市价多少，都是让业主自报。

民国各大城市都对房地产开征捐税，一般按照业主房价和地价总和的某个百分比来征收，每年征收一次，业主们如果把地价报得高了，就得缴更多的税。所以在申报地价的时候，大家都或多或少地往低处报价，胆量越大，报得越低。我猜广西业主的胆量最小，申报的地价最切合实际，其他省份都后退一步，广西地价就被排到前面去了。

没有房产证的时代

本书有一篇文章谈到段祺瑞，说老段觉悟很高，老上司袁世凯送他一套豪宅，他死活不要，后来勉强收下，等袁世凯一死，他又把豪宅退回去了。

其实这个故事还没讲完，段祺瑞之所以退还那套豪宅，不光是因为觉悟高，还因为袁世凯当初没把房产证给他，后来原先的业主拿着产权证明来找他要房子，他只好搬出去，这里面有“不得不退”的意思。

段祺瑞那个时代并没有规范的房产证，可以证明房产归属的权证是房契，也就是那份购房合同。比方说您在民国买了新房，卖主会跟您签一张房契，房契的格式大同小异：

> 立典卖房屋文契□□□（这里写卖方姓名），今将坐落□□□（这里写房屋地址）房屋□□□（这里写房屋的户型、面积、间数、新旧程度和装修情况），凭中□□□（这里写房产经纪人的姓名），议价出典，由□□□（这里写买方姓名，一般只写姓，甚至姓名均不写）管业，三面议明时值□□□（这里写出售价格），当日一并收足，并无短缺。其房并无重叠交易，亦无他人争执，如有等情，由典卖人理论，与现业者无干。空口无凭，立此文契为证。

房契底下是售房人签字、见证人签字、经纪人签字，并注明签约日期。买方一般不签字。

这张契约往往只有一份，由买方收藏，房契上又往往不出现买方姓名，所以一旦丢失，捡到房契的人完全可以冒充买方，说自己才是真正的业主，即使告上公堂，地方官们也会因为无法查证而不予受理。

为了杜绝上述风险，政府试图给房契备案。可备案的同时得缴大笔契税和其他费用，还得三番五次往衙门跑。这样一来，民国房地产市场上的大多数交易都没有在官方留下记录，于是房契和地契就变成了唯一的产权证明，业主一旦弄丢，后果不堪设想。

直到民国三十二年（1943年），上海市政府仿照租界当局给业主发“土地执照”的做法，在全市范围内推出“执业证”制度，让业主们拿着地契和房契去土地局办理“土地执业证”和“房屋执业证”，中国才算有了像样的交易备案和产权证明。

房产税还很远

“房产税”这个东西，在咱们大陆提了至少十年，搞试验也搞了八九年，真正面向住宅征收，还是从2011年才开始，而且只限于上海和重庆两个城市。最近又听到消息说，中央会扩大房产税试点，深圳和广州很快就要像重庆和上海一样开征房产税了。窃以为扩大试点是一定的，深圳和广州开征房产税也是一定的，但不一定是今年。即使今年真的开征，征收的范围和力度也会很小，根本吓不住人，不会让那些拥有多套房产或者豪华住宅的朋友纷纷卖房避税。这跟征税阻力无关，也不是因为刚开始没经验，主要是对地方政府来说，开征房产税不划算，不开征才划算。

咱拿重庆来说吧，重庆房产税的征收范围比上海广，税率也比上海高，开征一年，不过收上来1亿元。而2011年重庆市政府卖地挣了820亿元，那点儿房产税还不到土地出让金的一个零头呢！

房产税开始试点的时候，政策制定者希望它有朝一日取代土地出让金，成为地方财政收入的主要来源。目前看，这个希望离变成现实还很远，因为地方政府缺钱花的时候，最有效的手段还是卖地皮，一个地王推出去，财政腰包鼓起来，比零敲碎打的房产税诱人多了。另外，房产税征得越多，房地产投机越少；房地产投机越少，房价涨得越慢；房价涨得越慢，土地流拍越多；土地流拍越多，土地出让金越少。既然房产税跟土地出让金有这种不友好的关系，地方政府为了保住土地出让金，开征房产税的时候当然不太积极了。

倒是在民国中后期，所有大城市都征收了房产税，那时候的地方官对这一税种都很积极，原因就是政府手里地皮太少，无论出售还是出租，都不能给财政带来多少收入，于是土地出让金就让位给房产税，使后者成为地方财政的一大支柱。

比如说民国北京，在1929年开征房产税，到了1933年，全市房产税年收入已经超过140万大洋，而北平市政府经营“官有土地”的年收入还不到1万大洋。在这种情况下，领导们当然更热衷于征收房产税，而不热衷于卖地了。

其实他们也不是不热衷卖地，关键是那时候农民土地可以自由入市，政府没办法垄断土地交易，没有那么多差价可以赚。

限租令

在现代中国，为了控制房价，政府推出了“限购令”。而在古代中国，为了控制房租，朝廷曾经推出过“限租令”。所谓“限租令”，不是限制租房，而是限制房租，是国家运用行政手段干预租房市场，不让房租涨得太高或者太快。

运用限租令最频繁的朝代是宋朝。您留心《宋史·食货志》、《宋会要辑稿·食货志》、《宋会要辑稿·瑞异志》以及《续资治通鉴长编》，经常能看到皇帝下旨减免房租的记录：首都开封闹了瘟疫，宋仁宗下旨“蠲免公私僦舍钱”；山西、陕西下了暴雪，宋英宗下旨“蠲免公私僦舍钱”；绍兴元年（1131年）江南房租暴涨，宋高宗下令“蠲免公私僦舍钱””。“蠲免”就是取消，“僦舍”就是赁房，“公私僦舍钱”就是租赁公房（宋朝政府拥有大批公房，常年出租，所收租金主要用在军备和宫廷开支上）和租赁民房的租金。“蠲免公私僦舍钱”，意思就是你租赁公房也好，租赁民房也好，都可以少交一

◎陪都剪影（《刃锋木刻集》第2页，开明书店1947年版）

段时间的房租。

大宋皇帝们一方面允许房客少交租金，另一方面也限制房东上调租金。大中祥符二年（1009年），宋真宗下过死命令："在京店宅房钱，自今止以原额为限，不得辄增，违者罪在官吏。"意思是有关部门一定要控制好首都的房租，不能再让它上涨了，谁控制不住，我追究谁的责任。

民国政府也推出过类似的限租令。您留心1928年颁布的《中华民国土地法》、1930年修订的《中华民国土地法》、1946年进一步修订的《中华民国土地法》，陪都时期重庆市政府颁布的《重庆房屋租赁条例》，以及抗战胜利后国民政府制定的《都市房荒救济条例》，都有很明确的限制房租规定。

民国限租，不是像宋朝那样减免租金，而是制定一个上限，不允许房租超过那个上限。比如说1932年广州地价飞涨，市政府怕穷人租不起房，定了一个"标准租金"：一所住宅的年租不能超过该住宅市值的4%。譬如你的房子值100万元，那么年租必须低于4万元。要是超过4万元，"认为不当利得，承租人得以要求返还"，房客可以让你把超过4万元的那部分租金返还给他。

越限越高的房租

解放前夕，不管您在杭州市区哪条街租房，那房租数字都高得吓人。三元坊也好，开元街也好，清河坊也好，水漾桥也好，租一普通住宅，每平方米每月租金都不下40万元。

当然，这40万元不是人民币，是法币。

当时法币已经严重贬值，以1948年6月30日为例，普通面粉2.8万元一斤，男式皮鞋600万元一双。最大路的香烟大前门，20支装的，每盒要价23万元。沿街小贩叫卖的冰棍，什么三花牌的、骆驼牌的、美丽牌的、西冷牌的、雪花牌的、白雪牌的、环球牌的、皇后牌的，统统一口价：1.5万元一支。自由撰稿人向外投寄平信一封，连邮票带信封，需要1.3万元。综合来看，现在一块钱人民币的购买力相当于当时法币1.5万元。所以说，每平方米每月租金40万元听起来虽然吓人，实际上并不算高，还不到人民币30元呢，租一套100平方米的三室一厅，月租还不超过3000元，比起现在一套两居室动辄五六千元的月租来，绝对可以说很便宜。

但是当时市民的收入实在太低，同样在1948年6月，浙江大学一名讲师的月薪加各种补贴不到300万元，折合成人民币仅仅200元而已。拿200元的月薪去租每月3000元的房子，纯属开玩笑。所以跟收入一比，解放前的房租又非常之贵，工薪阶层根本租不起，除非几家拼租，或者去偏远地段租又小又差的房子。

为了让大家租得起房，南京国民政府出台“限租令”，定了一个最高租金标准。这个标准是这么定的：每平方米每月最高租金，不能超过每平方米建筑成本的四分之一与每平方米地价之和再除以3600。听起来很绕，打个比方您就明白了，比如说吧，某房东建房，买地时每平方米花2000元，建造时每平方米花1000元，那么每平方米每月最高租金就等于0.625元，如果租100平方米，每月只需掏62.5元的房租。

跟市场行情相比，政府定的租金标准倒真的便宜，如果真能执行，工薪阶层当然都能租得起房了，不过房东收入却少得多了。房东们很生气，有的跟政府玩游戏，上报备案的租房合同上写的租金很低，实际上收的房租很高，有的收回房子不再出租。市场上房源一少，房租涨得更快了，于是奇观出现：政府本来限租，结果把房租推得更高。

两国相争，不涨房租

南宋杭州房价极高，普通人根本买不起，只能租房住，大部分市民租公房（宋朝政府掌握大批国有房产，部分用于办公，部分用于赏赐，剩余的租给老百姓，租金收入是财政收入的重要来源），少数人租民房。但不管是租住公房还是租住民房，大伙都不用担心交不起房租，因为公房的房租是经常减免的，民房的租金水平则严格限定在朝廷规定的指标以下。不信您看宋高宗颁布的这份圣旨："业主增修屋业，如不曾添展间椽地步者，不得辄添房钱，如违，以违制论。"（《宋会要辑稿·刑法二》）什么意思？作为房东，只要不是通过翻修改造拓宽了建筑面积，你就别想加房租，不然按抗旨论处。

◉陕甘宁边区的减租运动（《北方木刻》第28页，读书出版社1947年版）

宋高宗为什么颁布这份旨意呢？一是因为他略有人味儿，不忍心看见穷苦百姓因为交不起房租而流落街头；二是为了收买人心，以免老百姓逃到金国去。宋高宗说过："金人榜文动摇民心，使归怨国家，强使从彼，因赦谕，定蠲除。"就是说金国的间谍老是跑来煽惑人心，引诱百姓移民到他们那儿去，所以我采取措施减轻人民生活负担，让大家看看到底金国好还是大宋好。从这个角度看，宋金对峙对南宋穷人来说还是有好处的，起码能少交一些房租。

下面说民国。

20世纪三四十年代，阎锡山在山西做一把手，共产党在陕北搞土改，山西跟陕北交界，陕北那边的消息很容易就能传到山西。陕北又是分地又是减租又是废除苛捐杂税，农业税降到了历史最低点，每年收获的粮食在300斤以下的，还能免缴公粮（《战斗中的陕北》第12—13页，文缘出版社1939年版），这些做法都受到了农民拥护。山西的佃农见了，恨不得插翅飞到陕北去。阎锡山坐不住了，只好跟着搞土改：由政府发行债券，从地主手里收购土地，平均分配给无地和少地的农民。

另外，像宋高宗一样，阎锡山还想到了城市居民的住房问题，他先是规定了房租上限："其一般赁屋久居者，均有定价。"（《太原指南》第一编，北平民社1936年版》）接着又设立了"山西普济堂"（1934年第6期《山西省政府行政报告》），凡是失去工作能力、连租房都租不起的贫民，都可以申请入住，不要一分钱。